V&R

Holger Finze-Michaelsen

Vater Unser –
Unser Vater

Entdeckungen im Gebet Jesu

Vandenhoeck & Ruprecht

Biblisch-theologische Schwerpunkte

BAND 24

Bibliografische Information Der Deutschen Bibliothek

Die Deutsche Bibliothek verzeichnet diese Publikation in der
Deutschen Nationalbibliografie; detaillierte bibliografische Daten
sind im Internet über <http://dnb.ddb.de> abrufbar.

ISBN 3-525-61581-7

Umschlagabbildung:
Susanne Richter, o.T., Aquarell und Kreide, 1998.

Printed in Germany.
Satz: Satzspiegel, Nörten-Hardenberg
Druck und Bindung: Hubert & Co., Göttingen

Gedruckt auf alterungsbeständigem Papier.

Vorwort

Im Sommer 2002 gelangte ich bei der fortlaufenden Auslegung des Matthäus-Evangeliums in den Sonntagspredigten an den Abschnitt der Bergpredigt, wo Jesus seine Jünger beten lehrt. Die Anrede Gottes als „Unser Vater im Himmel", die sieben Bitten, das Lob Gottes am Schluss und das Wort „Amen" waren mehr als genug Stoff für je eine Predigt. Bei diesen „klassischen", in der Christenheit von Anfang an gebrauchten und so sehr vertrauten Worten ist mir bewusst geworden, wieviel Mühe, Sorge und Arbeit in der Kirchengeschichte darauf verwendet wurde, das Altbekannte und Vielgesagte im Horizont der eigenen Epoche zu bedenken und zu erklären. Dies war der Anstoß, mich mit der Geschichte des Unser Vater und seiner Auslegung näher zu beschäftigen. Die folgenden Seiten sind der Versuch, diese reichhaltige Geschichte einzubeziehen in das Nachdenken über das Gebet Jesu heute, und das – wie es der Gegenstand nahe legt – in ökumenischem Horizont. Ich halte es dabei mit Martin Luther, der 1535 von „einem guten Freund" gebeten wurde, doch zu erklären, „wie man beten soll". An den Anfang seiner Antwort setzte Luther dies: „Lieber Meister Peter, ich geb's euch, so gut als ich's habe ... Unser Herr Gott gebe euch und jedermann, es besser zu machen. Amen."

Kirchliche Traditionen und damit Jahrhunderte alte Gewohnheiten haben ihr eigenes Gewicht. Wie sehr dies auch im Kleinsten der Fall sein kann, wird im deutschsprachigen Raum an den ersten beiden Worten des Herrengebetes anschaulich. Die Reformierten sagen: „Unser Vater", in der lutherischen und römisch-katholischen Kirche ist (in Anlehnung an das lateinische „Pater noster") „Vater Unser" üblich. Um beiden Traditionen Rechnung zu tragen, ist im Titel beides nebeneinander gestellt, und im Text erscheint abwechselnd diese und jene Variante. Bei den Bibelzitaten halte ich mich in der Regel an die Zürcher Übersetzung.

Dankbar bin ich Vera Bay und Martin Stihl (beide Schiers), Heidi Hodel und Marianne Matti (beide Zweisimmen), die die Entstehung des Manuskriptes mit Anregung und Kritik begleitet haben.

Zweisimmen (Kanton Bern), im Januar 2004

Inhalt

9

Am Tor des Gebets

An vielen Stadttoren waren einst die Längenmaße angebracht, die in der betreffenden Stadt Geltung hatten: Zoll, Fuß, Elle und Klafter. Sie waren als Eisen- oder Messingstangen im Tor befestigt oder mit scharf markiertem Anfang und Ende in den Stein gehauen. An diesen Normgrößen hatten sich alle zu orientieren: Handwerker, Händler und Käufer von Faden, Tuch, Fell, Seil oder Nägeln. Dass in jeder Stadt die Norm öffentlich zur Schau gestellt wurde, mag uns heute befremden, war aber bis weit ins 19. Jahrhundert hinein unerlässlich. Denn jede Region, jeder Stadtstaat hatte eigene Maßeinheiten. Noch 1845 entsprachen beispielsweise 19 Churer Ellen 18 Brabanter Ellen oder 21 Schweizer Ellen. So gab es allenthalben viel zu rechnen und umzurechnen.

Seit 1889 wird in Paris der „Ur-Meter" aus Platin aufbewahrt, definiert als der zehnmillionste Teil des Quadranten eines Längenkreises der Erde. Jedes Metermaß der Schneiderin, jeder Zollstock des Schreiners, jedes Instrument des Vermessungsingenieurs leitet sich von ihm ab, auch wenn niemand von diesen dreien bei der täglichen Arbeit daran denken wird. Seit 1960 gibt es eine internationale Übereinkunft, nach der zur exakten Definition des Meters die Wellenlänge λ der orangeroten Spektrallinie des ^{86}Kryptons im Vakuum verwendet wird. Demnach ist 1 m gleich 1 650 763,73 λ. Auf der Suche nach einer immer exakteren und absolut unwandelbaren Bestimmung gelangte die Physik 1983 zum sog. „Lichtmeter": Ein Meter ist die Strecke, das Licht im Vakuum im 299 792 458. Teil einer Sekunde zurücklegt.

Meterstab und Rasiermesser:
Beten braucht Verstand

Der Kirchenvater Chrysostomos († 407) hat das Vater Unser
den „Meterstab des Gebets" genannt. Er meinte damit, dass
dem christlichen Beten hier die Richtschnur gegeben ist. All
unser Beten müsse sich an diesem Gebet, das Jesus seine Jünger gelehrt hat, messen; all unser Beten müsse von diesem
lernen. Nie könne unser Beten an diesem Gebet vorübergehen. Hier sei der Lernstoff, hier sei die Schule.

Das Bild ist tiefsinnig und anschaulich. Aber freilich ist
dieser „Meterstab" nun nicht gemeint als ein bis weit hinters
Komma gerechneter, mathematisch exakter Ur-Meter aus
Platin, Krypton- oder Lichtmeter – so als wäre das Unser
Vater das *einzig* mögliche, das *einzig* wahre Gebet, genau
festgelegt in seinem Wortlaut, überall genau so zu repetieren
und durch keine anderen Worte zu ersetzen. Zwar wurde es
in der Geschichte der Christenheit gelegentlich so verstanden
und so gesprochen. Wir kommen darauf später zurück. Aber
Jesus hat seine Jünger diese Worte ja nicht gelehrt, um alle
anderen Worte des Gebetes zu verdrängen und zu erübrigen,
sondern um ihnen eine Grundform zu geben, an der sich die
vielen anderen Gebete (seien sie „frei" oder „gebunden" an
überlieferte Worte) orientieren sollen.

So soll das Vater Unser also nicht wie ein zentral gelager-
ter Meterstab sein, unbeweglich und nur in Kopien 1:1
brauchbar, sondern auf dem Weg des Lebens immer wieder
in den „Stadttoren" bereitstehen, um nach ihm das christliche Beten in seiner Vielfalt von Formen und Gelegenheiten
und Inhalten auszurichten.

Wenn in den ersten Jahrhunderten der Kirche die Erwachsenen im christlichen Glauben unterwiesen und so auf ihre
Taufe in der Osternacht vorbereitet worden waren, dann
wurde ihnen jeweils feierlich die „oratio dominica", das
Herrengebet als solch ein „Meterstab" übergeben; daran
sollte sich all ihr künftiges Beten orientieren. In diesem Sinne
gehörte das Gebet auch in jeden Katechismus der Reformationszeit. Und ähnlich geschieht es bis heute: Das Unser Va-

ter gehört zum christlichen Glaubensunterricht als das „Gebet der Gebete". Es auswendig zu lernen, ist kein Luxus, sondern die Aneignung des Meterstabes.

Freilich ist es auch in dieser Aneignung nichts, das man „haben" und als bloßen Besitz einer Wortkette mit sich tragen könnte. Die Worte wollen nicht nur *gesprochen,* sondern *mit Verstand und Bedacht gesprochen* sein. Im Matthäus-Evangelium folgt das Gebet Jesu unmittelbar im Anschluss an die Warnung davor, „unnützes Geschwätz wie die Heiden" und „viele Worte" zu machen.

Wer das Gebet Jesu spricht, ist vor dieser Gefahr nicht sicher. Am Sinn inflationären Herunterleierns möglichst vieler Vater Unser (der einst gebräuchliche Endloslift erhielt von hier seinen Namen: „Paternoster") wird auch im Katholizismus gezweifelt. Aber ist denn im evangelischen Bereich, wo man an diesem Punkt immer bewusste Zurückhaltung üben wollte, geistloses Rezitieren quasi automatisch ausgeschlossen? Hier wie dort kann es nicht darum gehen, mit dem „Meterstab" mehr oder weniger häufig „herumzufuchteln", sondern jeweils neu zu bedenken, „welches die Breite und die Länge und die Höhe und die Tiefe ist" (Epheser 3,18), die in diesen Worten steckt.

Auf dieser Linie lag auch der Rat, den Martin Luther seinem guten Freund Meister Peter gab. Der hatte ihn um Anleitung gebeten, „wie man beten soll". Luther schrieb 1535 eigens für ihn eine kurze Erklärung des Vater Unser und einen den Zehn Geboten folgenden Gebetsleitfaden. Was das Vater Unser betraf, so ermahnte er ihn: „Ein rechtes Gebet richtet die Aufmerksamkeit gar fein auf alle Worte und Gedanken vom Anfang bis zum Ende des Gebets." Um dies Meister Peter, der das Handwerk des Barbiers ausübte, anschaulich zu machen, nahm er sich die Freiheit, die Konzentration beim Beten zu vergleichen mit der Konzentration beim Rasieren: „Es ist wie bei einem guten, fleißigen Barbier: Der muss seine Gedanken, seinen Sinn und seine Augen ganz genau auf das Schermesser und auf die Haare richten und darf nicht vergessen, wo er im Strich und Schnitt ist. Wenn er aber zugleich viel plaudern oder anderswohin denken oder gucken will, so würde er einem leicht Mund und Nase, und die Kehle dazu abschneiden. So völlig verlangt jedes Ding, wenn es recht gemacht werden soll, den ganzen Menschen mit allen Sinnen und Gliedern ... Wie viel mehr will das Gebet das Herz einzig, ganz und allein haben, wenn anders es ein gutes Gebet sein soll!" Das Vater Unser aber nannte Luther „das allerbeste Gebet". Um so schärfer war hier also das Rasiermesser, um so konzentrierter musste hier rasiert werden.

Beten lernen

Es geht also ums Betenlernen. Muss man das denn lernen? „Beten-lernen, das klingt uns widerspruchsvoll. Entweder ist das Herz so übervoll, dass es von selbst zu beten anfängt, sagen wir, oder es wird nie beten lernen. Das ist aber ein gefährlicher Irrtum, der heute freilich weit in der Christenheit verbreitet ist, als könne das Herz von Natur aus beten. Wir verwechseln dann Wünschen, Hoffen, Seufzen, Klagen, Jubeln – das alles kann das Herz ja von sich aus – mit Beten. Damit aber verwechseln wir Erde und Himmel, Mensch und Gott. Beten heißt ja nicht einfach das Herz ausschütten, sondern es heißt, mit seinem erfüllten oder auch leeren Herzen den Weg zu Gott finden und mit ihm reden. Das kann kein Mensch von sich aus, dazu braucht er Jesus Christus" (Dietrich Bonhoeffer). Darum kommen die Jünger zu Jesus und bitten ihn: „Herr, lehre uns beten!" (Lukas 11,1). In dieser Sache Belehrung zu suchen, ist also nichts Peinliches, kein Zeichen von Dummheit, auch nichts Kindisch-Kindliches, das man als Erwachsener doch überwunden haben sollte. Zu Gott reden will gelernt sein, und im Zustand des Lernens *bleiben* die Jünger. Sie haben hier nie ausgelernt, so wenig wie der Glaube ein „Zustand" sein kann, in dem man irgendwann sein, verharren und bleiben könnte. Auch der weise Apostel Paulus konnte an diesem Punkt nur bescheiden und zurückhaltend sagen: „Wir wissen nicht, was wir beten sollen, wie sich's gebührt ..." (Römer 8,26).

Hier wird deutlich, inwiefern Gebet und Glaube zusammen gehören. Denn die Frage: „Was bete ich?" ist wie die andere Seite der Münze: „Was glaube ich?". „Die Bitte: ‚Lehre uns beten!' kommt der Aufforderung gleich: ‚Gib uns eine Zusammenfassung deiner Botschaft!'" (Leonardo Boff). Wer versteht, um was Gott gebeten sein will, um was er gebeten werden kann, der beginnt auch zu verstehen, wie Gott es mit den Menschen meint. Im Gebet lernt er Gott verstehen und sich selbst – als Menschen, der vor Gottes Angesicht lebt und dem Gottes Wort gilt. Er lernt – aber er hat dabei nie ausgelernt. Die Lehrer der frühen Christenheit haben insofern den Nagel auf den Kopf getroffen, als sie das Vater Unser „breviarium totius evangelii" nannten, Kurzfassung des ganzen Evangeliums (Tertullian, † nach 220), oder „coelestis doctrinae compendium", Zusammenfassung der himmlischen Lehre (Cyprian, † 258). Denn im Sprechen zum himmlischen Vater, wie Jesus es gelehrt hat, leuchtet auf, *welcher* Himmel sich über die Erde spannt, *welcher* Name über allen Namen ist, *welches Reich*, *welche Herrschaft* kommt, *welcher* Wille regiert, *wessen* Brot auf unseren Tischen steht, *wessen* Sache unser Schuldigwerden ist, in *welcher* Gefahr, in *welcher* Versuchung wir stehen, und *wer* dem Bösen seine Grenze setzt. Wer an diesem „ganzen Evangelium" vorbei beten wollte, der würde ja an Gott vorbei beten.

Daneben hat das Betenlernen noch einen weiteren Aspekt. Wer das Unser Vater spricht, der hält sich ja an vorformulierte Worte. Er macht sich zu eigen, was Generationen vor ihm gebetet haben. Er spricht das mit, was andere zur gleichen Zeit sprechen. Das Unser Vater ist damit das einzige christliche Gebet, das wortwörtlich in Tradition und Gemeinschaft wiederholt wird. Dieser Umstand verdient besondere Beachtung.

„Sagen, was andere sagen", steht in unserem Zeitalter in einem eher üblen Ruf. Wer sich an überlieferte Worte hält, verlasse den Boden seiner eigenen, individuellen Sprache und Ausdrucksweise. Wer die Worte anderer übernehme, sei kaum originell und schöpferisch zu nennen. Beide Einwände haben wohl ihr Recht und sind ernst zu nehmen. Der „Griff" zum Vater Unser kann eine bequeme Flucht davor sein, selber zu denken und selber Worte zu suchen für sein Anliegen.

Dem traditionsgebundenen Gebet wird dann gewöhnlich als Alternative das „freie" Gebet gegenübergestellt, das seine eigene Sprache spricht. Aber: Diese Gegenüberstellung von Alternativen, die sich gegenseitig ausschließen, wäre unangemessen. Lebt nicht der christliche Glaube auf Schritt und Tritt von der Repetition, der Wiederholung biblischer Worte und auch eines mannigfachen Liedgutes, vom Immer-wieder-Hören und Sich-zu-eigen-Machen? Ist nicht der christliche Glaube in dieser Hinsicht alles andere als „originell", wenn er immer wieder auf die gleiche Heilige Schrift zurückgreift und bewusst darauf verzichtet, eine neue zu produzieren? Hier also sind Originalität, Individualität und schöpferischer Ausdruck nicht gewissermaßen „freischwebend", sondern haben ihren Rahmen, in dem sie sich bewegen.

Vom Sinn des vorformulierten Gebetes

Vielleicht ist es – ausgehend vom Unser Vater – nötig, sich den Wert des vorformulierten Gebetes wieder bewusst zu machen, bei unbestrittener Achtung für das „freie" Gebet.

1. An ihm lässt sich das Beten lernen, weil es von einer Gemeinschaft getragen wird und in diese Gemeinschaft hineinführt. Wer das Vater Unser spricht, begibt sich in eine Gemeinschaft hinein – die Gemeinschaft der gleichen Worte und Anliegen. Schon ein Kind spürt das ganz intuitiv, wenn ihm diese Worte am offenen Grab einer Beerdigung, im Gottesdienst oder daheim begegnen. Beten ist nichts Einsames – das ist die stillschweigende Botschaft der gemeinsamen Worte. Das zu lernen ist wichtig.

2. Es hat sein Gutes, durch diese Art Gebet von sich selbst und den um sich selbst kreisenden Gedanken fortgeführt zu werden. Was Dietrich Bonhoeffer über das Beten mit

den Psalmen des Alten Testamentes sagte, gilt auch hier: Es komme nicht darauf an, ob die Bitten des Unser Vaters „gerade das ausdrücken, was wir gegenwärtig in unserem Herzen fühlen. Vielleicht ist es gerade nötig, dass wir gegen unser eigenes Herz beten, um recht zu beten. Nicht was wir gerade beten wollen, ist wichtig, sondern worum Gott von uns gebeten sein will." Und: „Nicht die Armut unseres Herzens, sondern der Reichtum des Wortes Gottes soll unser Gebet bestimmen" – und dies ist „nicht nur das Wort, das er uns zu sagen hat, sondern auch das Wort, das er von uns hören will."

3. Das vorformulierte Gebet kommt im Zweifel, in der Anfechtung zu Hilfe. Das Gebet Jesu kann hier wie eine Zuflucht sein zu Worten hin, von denen ich denken darf, dass es gute Worte sind. „Gott selbst stellt die Worte und legt uns in den Mund, wie und was wir beten sollen, auf dass wir ... ja nicht daran zweifeln, dass ihm solch Gebet gefällig sei und gewiß erhört werde. Welches gar ein großer Vorteil ist vor allen andern Gebeten, die wir uns selbst erdenken möchten. Denn da würde das Gewissen immer im Zweifeln stehen und sagen: ‚Ich habe gebeten, aber wer weiß, wie es ihm gefällt oder ob ich die rechte Maß und Weise getroffen habe?' Darum ist auf Erden kein edleres Gebet zu finden, weil es solch treffliches Zeugnis hat, dass Gott herzlich gerne hört." (Martin Luther). Wer das Beten verlernt hat, könnte es also hier wieder lernen.

4. Zuflucht bietet es aber auch noch in anderer Hinsicht. Es gibt Augenblicke und Zeiten, in denen – auch dem Glauben! – die Worte ausgehen, fehlen oder zu schwer werden können. Es sind die Augenblicke und Zeiten, in denen einem geplagten Menschen nichts ferner liegen wird, als jetzt noch „originell" zu sein. Er hätte die Kraft nicht mehr dazu. Es muss beileibe nicht erst das Sterbebett sein, auf dem ein Mensch, der beten möchte, diese Schwachheit an sich verspürt. Das Vater Unser kann ihm dann wie ein Stück Zuhause sein, vertraute Worte, in die er wie unter ein bekanntes Dach einkehrt – heilfroh und dankbar, dass er jetzt in seiner Wortlosigkeit nichts Neues „bauen" muss. „Es gibt Worte, die sind wie eine Herberge. Was

17

eine Herberge ist, weiß am besten der Wanderer, der keine Bleibe hat, der Heimatlose, der Flüchtling. Ihn erwartet kein Luxushotel ... Herberge in ihrer reinsten Gestalt ist ein Obdach für Obdachlose, eine Unterkunft für solche, die weiterhin unterwegs sein müssen ... Worte des Gebets wollen von uns als solche Herberge verstanden und gebraucht sein, in die wir uns selbst gleichsam ganz hineinbegeben als die Bedrohten und doch Geborgenen, als die Gehetzten und doch immer wieder zur Ruhe Kommenden, als die Müden, die trotzdem Erquickung finden" (Gerhard Ebeling).

5. Schließlich lässt sich gerade am Vater Unser die Sprache des Betens lernen. Inbrunst und Eindringlichkeit liegen dem Gebet Jesu fern; darauf kommt es offenbar *nicht* an. Ist es nicht ein völlig schmuckloses, ja man möchte sagen: ein trockenes Gebet, das Jesus seine Jünger lehrt? Spricht nicht aus jeder Bitte (die ja kürzer nicht sein könnten) eine große Nüchternheit und Schnörkellosigkeit? Gerade das ist seine Schönheit. Diese Schönheit ist der Lernstoff für alle anderen Gebete.

Die Jünger sollen,
die Jünger wollen beten lernen

Die vier Evangelien des Neuen Testamentes erzählen – jedes auf seine eigene und von den anderen sich unterscheidende Weise – vom Wirken, Lehren, Leiden, Sterben und Auferstehen Jesu Christi. Aber nur in zwei Evangelien, nämlich bei Matthäus und Lukas, ist das Herrengebet erwähnt, und das in unterschiedlichen Versionen. Auf dem Weg der mündlichen Weitergabe und der gemeindlichen Praxis dieses Gebetes ist es also schon in den ersten Jahrzehnten der Kirche zu differierenden Wegen gekommen.

Buchstabe für Buchstabe ureigenste Worte Jesu sind dies also nicht – und können es auch gar nicht sein. Schon allein darum nicht, weil Jesus mit seinen Jüngern aramäisch, einen Dialekt der hebräischen Sprache, geredet hat. In der schriftlichen Aufzeichnung der Evangelien bediente man sich dann aber der „internationalen" griechischen Sprache, und wir schließlich sagen die Worte auf deutsch. Der Weg über drei Sprachen ist komplizierter und für das Verständnis bedeutender, als es auf den ersten Blick den Anschein haben mag. Den Evangelien aber kommt es – und das merkt man auch sonst auf Schritt und Tritt, weil sie ja oft das gleiche, aber das gleiche anders erzählen – nicht auf Buchstabentreue, sondern auf Botschaftstreue an. Darum nehmen sie sich auch die Freiheit, das Gebet Jesu in einen jeweils anderen Zusammenhang zu stellen.

Bei *Lukas* (11,1–4) wenden sich die Jünger direkt an Jesus mit der Bitte: „Herr, lehre uns beten!" Sie weisen darauf hin, dass auch Johannes der Täufer seine Jünger bestimmte Gebetsworte gelehrt habe. Übrigens gehörte es zu jedem Lehrverhältnis eines Rabbiners zu seinen Schülern, dass er ihnen bestimmte Gebete besonders ans Herz legte – Gebete, die dann sogar zum besonderen Kennzeichen seiner „Schule" und noch weit über diese hinaus bekannt werden konnten. Ähnlich haben die Reformatoren bestimmte Gebete unters Volk gebracht, die dankbar aufgegriffen und weitergegeben wurden; so finden sich beispielsweise Martin Luthers „Morgensegen" und „Abendsegen" bis heute in deutschen und schweizerischen Gesangbüchern. Jesus erfüllt als der Gefragte die Bitte. Das Unser Vater ist seine Antwort.

Bei *Matthäus* (6,9–13) dagegen steht alles im weiteren Zusammenhang der Bergpredigt. Dort sind es drei Ermahnungen Jesu, die das alltägliche Glaubensleben betreffen: Almosengeben, Fasten und Beten sollen „im Verborgenen" geschehen. Beim Gebet sind seine Worte, wohl nicht zufällig, am ausführlichsten. Aber eine Bitte der Jünger um Belehrung fehlt hier. Es heißt einfach: „Ihr nun sollt so beten". Die folgenden Worte haben den Charakter einer Anordnung – oder zumindest einer guten Ordnung.

Vergleichen wir nun beide Fassungen:

Matthäus	Lukas
Unser Vater,	*Vater,*
der du bist in den Himmeln,	
dein Name werde geheiligt.	*dein Name werde geheiligt.*
Dein Reich komme.	*Dein Reich komme.*
Dein Wille geschehe wie	
im Himmel,	
so auch auf Erden.	
Gib uns heute	*Gib uns täglich*
unser tägliches Brot.	*unser tägliches Brot.*
Und vergib uns unsre	*Und vergib uns unsre*
Schulden,wie auch wir	*Sünden, denn auch wir*
vergeben haben	*vergeben jedem,*
unsern Schuldnern.	*der gegen uns in Schuld ist.*
Und führe uns nicht	*Und führe uns nicht*
in Versuchung,	*in Versuchung.*
sondern erlöse uns	
von dem Bösen.	

Wir sehen, dass der lukanische Text wesentlich kürzer ist. Es fehlen gegenüber Matthäus zwei Bitten: „Dein Wille geschehe" und „Erlöse uns von dem Bösen". Auch die Anrede ist bei Lukas knapper: „Vater". Man geht allgemein davon aus, dass Matthäus die erweiterte Form von Lukas bietet; demnach wäre bei Lukas die ältere Variante vorhanden. Umgekehrt gibt es Spuren dafür, dass Matthäus ältere Elemente bewahrt hat. So spricht er von „Schulden", einem Begriff aus der Finanzwelt, der im hebräischen Denken das gebrochene Verhältnis Mensch-Gott beschreibt, während das Wort „Sünde" bei Lukas eher dem griechischen Denken entspricht. Auch bei der Brotbitte könnte das „heute" ursprünglicher sein. All diese Verschiedenheiten hinderten die Christenheit jedoch nicht, dieses Gebet von Anfang an als *Gebet des Herrn,* als *Herrengebet* anzusehen, zu sprechen und weiterzugeben. Sie hörten von Anfang an in diesen Worten *seine Stimme.* Und dieses Hören führte im Verlaufe der Geschichte zu zweierlei: Dass dieses Gebet zum Band wurde, das die Christenheit einte; und dass es in allen Sprachen der Welt gesprochen, d. h. Jesus nachgesprochen wurde.

Das Unser Vater –
ein jüdisches Gebet

Heute wird man sagen: Das Vater Unser ist ein „typisch christliches" Gebet; denn durch seinen weltweiten Gebrauch in der Christenheit ist es gewissermaßen ihr „Markenzeichen", ihr charakteristisches Merkmal über alle Konfessionsgrenzen hinweg geworden. Betrachtet man es dagegen von seinen Wurzeln her, kann es auch ein „jüdisches Gebet" genannt werden. Der jüdische Gelehrte Schalom Ben-Chorin bekannte: „Überall, wo es gebetet wird, habe ich es stets mitgebetet, ohne dabei meinen jüdischen Glauben auch nur um Haaresbreite zu verlassen oder zu verletzen." Seine Begründung: Die einzelnen Bitten „haben nicht nur ihre Parallelen in jüdischen Gebeten; das Gebet, das Jesus seine Jünger lehrt, ist ein jüdisches Gebet vom ersten bis zum letzten Worte." Auch die Anrede Gottes als „Unser Vater im Himmel" sei „nicht etwa eine christliche Vorstellung, sondern eine genuin jüdische", die zur Zeit Jesu weit verbreitet war.

Es besteht kein Grund, diese Wurzeln zu leugnen oder sie gar als unwesentlich zu „kappen". Jesus war Jude, und wer davon absehen wollte, verstünde das Neue Testament in seiner Tiefe nicht. Das gilt auch für das Beten Jesu. Er spricht die Psalmen, und zwar bis zuletzt am Kreuz: „Mein Gott, mein Gott, warum hast du mich verlassen?" (Psalm 22). Beim Abendmahl (dem feierlichen Passamahl) spricht er über Brot und Kelch „das Dankgebet", also den üblichen Segensspruch (Markus 14,22–23). Als sie „den Lobgesang gesungen" haben, also den feierlichen Abschluss der Passaliturgie, geht er mit den Jüngern hinaus zum Ölberg (Markus 14,26). Auch nach seiner Auferstehung hören die Emmaus-Jünger, wie er – das Brot nehmend – „das Dankgebet" spricht (Lukas 24,31). Warum sollte Jesus seine Jünger nicht ein Gebet lehren, das ganz und gar in der jüdischen Gebetstradition steht? Auch die auffällige Tatsache gehört übrigens in diesen Zusammenhang, dass das ganze Vater Unser menschlicherseits in der Mehrzahl formuliert ist: „wir", „unser", „uns", wie es dem jüdischen Gebet (abgesehen von den

Psalmen) eigentümlich ist. Wer betet, betet als Teil des Gottesvolkes, und nicht für sich allein.

Warum es nun dennoch als ein „christliches" Gebet angesehen wird, hat einzig und allein darin seinen Grund, dass der christliche Glaube sich zu ihm, Jesus Christus, als dem Sohn Gottes bekennt. Es ist somit nicht nur von Bedeutung, *welche Worte* er seine Jünger lehrt, sondern *wer* sie die Jünger lehrt. So bekommen – eingebettet in seine ganze Lehre und sein ganzes Wirken – die Worte „Vater", „Name", „Reich" und „Wille" Gottes, „Brot", „Vergebung", „Versuchung" und „Erlösung" in seinem Munde einen besonderen Klang. Sie verstehen sich nicht von selbst, sondern im Gesamtzusammenhang des ganzen Evangeliums.

Um im genannten Bild zu bleiben: Kein Baum lebt ohne Wurzeln, aber die Wurzeln sind nicht die Baumkrone. Ohne Bild: Jesu Beten hängt nicht in der Luft; es ist genährt vom jüdischen Beten seiner Zeit. Aber jede Bitte hat Bezug zu ihm selbst, ist verbunden mit seiner Botschaft und darum auch ein Bekenntnis zu ihm. Darum ist beides wahr: Das Unser Vater ist ein jüdisches Gebet, das ein Jude wie Schalom Ben-Chorin ohne Mühe in allen sieben Bitten mitbeten kann – das Unser Vater ist ein christliches Gebet, das der Sohn Gottes denen in den Mund legt, die ihm nachfolgen wollen.

Betrachten wir nun den Weg, den das Vater Unser durch die Geschichte der christlichen Kirche nahm – eine wechselvolle, von Verirrungen nicht freie, aber in jedem Falle lehrreiche Geschichte, die zeigt, wie vielgestaltig dieser „Meterstab" zur Hand genommen wurde.

Ein Gebet geht
durch die Zeit

Bereits ab der Wende vom 1. zum 2. Jahrhundert begann sich eine feste allgemeine Form des Vater Unser durchzusetzen, die sich an der Matthäus-Fassung orientierte. Als Ergänzung bürgerte sich die uns bekannte Schlussdoxologie, das Schlusslob ein: „Denn dein ist das Reich und die Kraft und die Herrlichkeit in Ewigkeit." Bis dahin hatte man sich an die Gebetspraxis des Judentums angelehnt, die fest formulierte Gebete mit einem freien, variierenden Abschluss („Chatima", Siegel) versehen konnte. Es vollzog sich also schon nach relativ kurzer Zeit eine Vereinheitlichung. Parallel zu den jüdischen Gebetszeiten wurde empfohlen (und so wohl auch von vielen gehalten), die Worte Jesu – abgesehen vom Gemeindegottesdienst – dreimal täglich zu sprechen: zur dritten, sechsten und neunten Stunde (neun, zwölf und fünfzehn Uhr); so z. B. durch den Kirchenvater Tertullian, der eine allererste Auslegung in der Kirchengeschichte verfasste. Er erwähnt dort übrigens auch die damals allgemein übliche Körperhaltung des Beters: mit erhobenen und ausgebreiteten Händen, um so Christus am Kreuz nachzubilden.

Feierliche Übergabe bei der Taufe

Das Vater Unser wurde nun zum Gebet der Getauften. Im Unterricht wurde es ihnen, die ja fast alle Erwachsene waren, erklärt. Bei der Taufe (lange Zeit nur an einem einzigen Termin im Jahr, in der Osternacht) erfolgte die feierliche Übergabe und das Anvertrauen von Glaubensbekenntnis,

Evangelium und Unser Vater (traditio symboli, traditio evangeliorum, traditio orationis). Das Gebet sprach der Täufling erstmals nach Vollzug der Taufe, und zwar nach Osten, nach Jerusalem hin gerichtet. Der Kirchenvater Augustinus († 430) ermahnte in seinen Schriften die Getauften, das Vater Unser täglich nach dem Aufstehen und vor dem Schlafengehen zu sprechen – eine Tradition, die bis in unsere Zeit hinein reicht. Ab dem 6. Jahrhundert erfolgte die Übergabe des Unser Vaters an den Täufling gar in einer eigenen, separaten Feier. So wichtig wurde es genommen, mit solchem Ernst wurde es von Mund zu Ohr und wieder von Ohr zu Mund weitergegeben. Kaiser Karl der Große verlangte (natürlich auf dem Hintergrund der vielen Zwangsbekehrungen, die ganze Völker dem Christentum „zuführten"), dass jeder Christ das Apostolische Glaubensbekenntnis und das Unser Vater kenne.

„Zerplappert und zerklappert": das Unser Vater wird zum Massenartikel

In den unzähligen nun im Abendland entstehenden Klöstern fand das Herrengebet seinen festen Platz in den geregelten Gebetszeiten. Allerdings nahm hier auch die bedenkliche Geschichte sinnloser Häufungen ihren Lauf. Franz von Assisi ordnete in seiner detaillierten Klosterregel von 1221 an, das Vater Unser sei über den Tag verteilt insgesamt 83 mal zu beten. Zugleich kam damals ein neues Vorzeichen vor dieses Gebet. Die sieben Bitten waren nicht mehr allein die Bitten derer, die sie sprachen; das ganze Gebet erhielt den Charakter eines frommen Opfers, das dargebracht wurde „für die Verstorbenen", „für die armen Seelen", später für diverse Anliegen: Frieden in der Welt, gutes Wetter, Heilung, Buße, besseren Kirchenbesuch … Damit wurde es zum schablonenhaften Ersatz für die Vielfalt des Gebetes und zum endlos wiederholten Worthaufen. Die seit dem Beginn des zweiten Jahrtausends einsetzende Etablierung des Rosenkranzes in der römisch-katholischen Kirche förderte dies enorm; fünf größere der insgesamt 58 Perlen markieren den Ort, wo das Vater Unser zu sprechen ist. Die Repetition fester Worte, die ihren guten Sinn im Glaubensleben bewährt hatte, wurde mehr und mehr ein Werk des Fleißes und der Lippen – und dies Jahrhunderte lang nicht einmal in der eigenen Sprache, sondern auf lateinisch.

Die Reformation setzte hier zu einem radikalen und tiefen Schnitt an. Vor allem, indem das Schwergewicht von der Masse weg und hin zum *Verstehen* des Unser Vaters verschoben wurde. Deutsche Fassungen lösten in unserem Sprachraum die lateinische ab. In unzähligen Predigten in der Stadt und auf dem Land wurde das Herrengebet erklärt und ausgelegt. Katechismen wurden verfasst zur Unterweisung der Jugend und der christlichen Hausgemeinschaft; dabei wurde neben Glaubensbekenntnis, Zehn Geboten, Taufe und Abendmahl immer auch das Gebet des Herrn Bitte für Bitte durchgegangen. Es sollte einerseits mit Verstand, andererseits aber auch mit Maß gebetet werden. Was in der Volkswirtschaft zu allen Zeiten galt, ließ sich aufs Gebet übertragen: Jede Inflation schafft Entwertung. Martin Luther nannte es „ein Jammer über Jammer, dass ein solches Gebet eines solchen Meisters so ohne alle Andacht zerplappert und zerklappert [Anspielung auf das Klappern der Perlen des Rosenkranzes] werden soll in aller Welt. Viele beten in einem Jahr vielleicht einige tausend Vaterunser, aber wenn sie tausend Jahre so beten würden, so hätten sie doch noch keinen Buchstaben oder Punkt davon verschmeckt und gebetet." Dennoch empfahl er 1528, man solle „die Kinder gewöhnen, dass sie des Morgens und Abends, desgleichen vor und nach dem Essen und der Abendmahlzeit, vor der Arbeit und was man auch sonst beginnen mag, beten, auf dass das Vaterunser das allgemeine Gebet werde." Im Gottesdienst der Gemeinde, in dem nun vielerorts nicht mehr jedes Mal das Abendmahl gefeiert wurde (wie zuvor die sonntägliche Messe) und darum der traditionelle Platz des Vater Unser vor den Einsetzungsworten entfiel, wurde es den Fürbitten angefügt. Vielerorts wird bis heute, wenn die Gemeinde die Worte Jesu spricht, mit einer Glocke geläutet.

Das Vater Unser singen, predigen und still beten

Dem Verstehen sollte aber noch ein weiteres neues Element dienen: das Lied der Gemeinde. Zahlreiche Liedtexte – wegen ihres Reimes leicht zu behalten – entfalteten die sieben Bitten und wurden so zur zusätzlichen Repetition, übrigens auch mit Rücksicht auf eine Gesellschaft, die damals zum größten Teil aus Analphabeten bestand und darum nur mündlich Weitergegebenes lernen konnte. Die größte Verbreitung fand wohl Luthers Lied „Vater unser im Himmelreich". Mit Bedacht holten diese Lieder auch das kleine Wort „Amen" am Schluss aus seinem Schattendasein.

In der Zeit der großen Auseinandersetzungen um die Reformation konnte es geschehen, dass das Unser Vater in seinem eigentlichen ökumenischen Charakter auf den Leuchter gestellt wurde. Es eignete sich bestens dazu, darzustellen, wie es nicht um eine neue Lehre, sondern um Erneuerung der alten, um Rückbesinnung auf den Urgrund der Kirche ging. Eine kleine Episode, die sich 1563 in einer Schweizer Landgemeinde zutrug, macht dies anschaulich. Schiers, damals das größte Dorf im Prättigau/Graubünden, hatte sich als einziges Dorf der Region fast 40 Jahre lang gegen die Reformation verschlossen. Da wurde von der reformationswilligen Minderheit der Churer Reformator Johannes Fabricius Montanus zu einer Predigt eingeladen, gewissermaßen zu einer „Kostprobe" reformatorischer Lehre. Fabricius berichtete am gleichen Tage, dem 21. Juni 1563, in einem Brief an Heinrich Bullinger, Zwinglis Nachfolger in Zürich: „Ich habe das Herrengebet erklärt; du weißt, welche überaus reiche und volksnahe Materie (popularem materiam) ich damit hatte. Aber ich wollte in jeder Hinsicht volksnah sein, damit ich nicht die von der gegnerischen Seite verprelle." Diese hatte nämlich Angst vor einem Bildersturm in ihrer erst kürzlich erweiterten und prächtig ausgestatteten Kirche. „Vor der Predigt kamen zu mir etliche angesehene alte Frauen, welche um Gottes willen baten, dass ich nicht die Entfernung der Bilder, die sie unter die Heiligtümer zählen, veranlasse. Im übrigen waren sie bereit, mich anzuhören." Fabricius konnte berichten, er sei dann wirklich „sehr wohlwollend" auch von den Gegnern angehört worden. Wenig später wurde in Schiers die Reformation eingeführt. Der Verzicht auf bilderstürmerische Radikalität und die Erklärung des allseits bekannten Gebetes hatten die Wende gebracht.

Die Scheu vor häufigem Wiederholen des Unser Vater und litaneihaftem „Gemurmel" prägte in der Folge besonders die reformierte Frömmigkeit und führte zu einer charakteristischen, in manchen Regionen hartnäckig festgehaltenen Gegenreaktion. „Die Gebräuche und Einrichtungen der Zürcher Kirche" von 1559, in ihren Grundzügen bestätigt noch 1702, legte fest: „Wenn es zum Unservater kommt, kniet der Pfarrer solange in der Kanzel nieder, während das Volk das Gebet still verrichtet, darauf erhebt er sich wieder und verliest den Text, über welchen er ... predigt." Dieser Modus, nach dem der Pfarrer im reformierten Gottesdienst allein das Unser Vater spricht, war auch in anderen reformierten Kirchen der Schweiz verbreitet und so tief verwurzelt, dass in so manchen Gemeinden noch am Ende des 20. Jahrhunderts das gemeinsame Sprechen als „katholisch" abgelehnt wurde.

In den lutherischen Kirchen Deutschlands hingegen folgte man weitgehend dem von Luther vorgezeichneten Mittelweg von andächtiger Sparsamkeit und täglicher Regelmäßigkeit, getreu seiner Warnung, dass man „einen rechten Unterschied wisse zwischen dem Plappern und etwas bitten". Denn „wir verwerfen keineswegs das Gebet, sondern das ganz unnütze Geheule und Gemurmel". „Ich wollt gerne, dass man solchs wieder in die Leute brächte, dass sie lerneten recht beten und nicht so roh und kalt hingehen." (Großer Katechismus). Im Gottesdienst war das gemeinsame Sprechen des Herrengebetes selbstverständlich, ebenso zum täglichen Schulbeginn bei den Kindern. Besonderes Gewicht wurde auf die häusliche Andacht gelegt. In ländlichen Gebieten ließen sich die Leute durch die Betglocke morgens, mittags und abends allein oder gemeinsam zum Beten des Vater Unser rufen.

Atmen und Beten

Aber auch katholischerseits gab es Reformen und Überlegungen, um dem Herrengebet wieder sinnvollen Raum zu geben. Besonders zu erwähnen ist hier Ignatius von Loyola, der Gründer des Jesuitenordens (1491–1556). In seinen „Geistlichen Übungen", einer (man möchte heute sagen) Anleitung zur christlichen Meditation, empfahl er, jeweils bei einem einzelnen Wort des Gebetes innezuhalten, z. B. beim Wort „Vater". Der Beter „verweile bei der Erwägung dieses Wortes so viel Zeit, als er Bedeutungen, Vergleiche, Geschmack und Tröstung in zu diesem Wort gehörigen Erwägungen findet. Und in der gleichen Weise mache er es bei jedem Wort des Vaterunsers." Etwa „eine Stunde" sei bei einem Wort zu verweilen, der Rest solle dann „in der gewohnten Weise" gebetet werden. Weiterhin wollte er die Meditation der Worte mit dem Atmen verbinden. „Bei einem jeden Atemzug oder Luftholen soll man geistig beten, indem man ein Wort des Vaterunsers ... betet. Man soll also zwischen einem Atemzug und einem anderen nur ein Wort beten und, solange die Zeit von einem Atemzug zum anderen dauert, hauptsächlich auf die Bedeutung dieses Wortes schauen oder auf die Person, zu der man das Gebet spricht, oder auf die Niedrigkeit seiner selbst oder auf den Unterschied von so großer Hoheit zu so großer eigener Niedrigkeit. Und nach derselben Form und Regel soll man bei den anderen Worten des Vaterunsers vorangehen."

Dem Kind in den Brei geschnetzelt: das Unser Vater im Aberglauben

Wo der Glaube ist, ist auch der Aberglaube nicht fern. Die formelhafte Verwendung des Gebetes verleitete auch zu magischen „Anwendungen". Das „Handwörterbuch des deutschen Aberglaubens" erwähnt mehr als 60 abergläubische Verwendungen des Unser Vater. Einem Neugeborenen wird ein es in den Mund hineingebetet, um es gut und fromm zu machen, oder die Worte werden auf Papier geschrieben und dem Kind in den Brei hineingeschnetzelt. Gegen Fieber bei Erwachsenen soll ein dreimaliger Umgang um die Kirche helfen, wobei jedes Mal ein Vater Unser zu beten und danach durch ein Schlüsselloch zu pusten ist. Das Rückwärtsbeten des Vater Unser könne bösen Zauber bewirken. Ganz ausgekocht ist ein König, der sich in einem isländischen Märchen vom Tod die Gnadenfrist ausbedingt, um noch ein Unser Vater zu beten. Er hört aber nach der Bitte „Unser tägliches Brot gib uns heute" auf und beendet das angefangene Gebet erst nach hundert Jahren, als er alt und lebenssatt ist.

Weites Tor und enge Pforte zugleich

Ein kurzes Gebet nur ist es, das Jesus seine Jünger lehrte. Sein Weg durch die Geschichte bis hin zu uns ist weit und ist breit. Dass es sich so viele Generationen, so viele Völker, so viele Einzelne zu eigen machen konnten, hat mit seiner Offenheit zu tun. Jede einzelne Bitte lässt Raum für die besondere Not der Zeit und die augenblicklichen Umstände. „Dieses Gebet enthält alle je möglichen Bitten; weil man kein Gebet ersinnen kann, das nicht schon darin beschlossen wäre." (Simone Weil). „Hier ist nichts ausgelassen, was wir zum Lobpreis Gottes bedenken sollen, nichts aber auch, was uns zu unserem eigenen Wohl in den Sinn kommen soll. Und das alles ist so genau ausgedrückt, dass jeder die Hoffnung verlieren muss, etwas Besseres zu versuchen" – und doch ist es keine Fessel, durch die wir „an die *Form* des Gebets in der Weise gebunden wären, dass wir kein Wort und keine Silbe ändern dürften." (Johannes Calvin).

So weht die Luft der Freiheit durch die alten Worte. Sie sperren nicht ein, sondern sie nehmen mit. Sie sind weites Tor und enge Pforte zugleich, indem sie die Gedanken, die so leicht auseinander streben, sammeln und auf den Weg schicken. Sie nehmen uns an die Hand, damit wir nicht bei uns selbst stehen bleiben. Und sagen uns doch auf Schritt und Tritt, dass es um *uns*: unseren Vater, unser täglich Brot, unsere Schuld, unsere Schuldner, unsere Versuchbarkeit, unsere Erlösung geht. Das alles aber vor dem großen *Du*, durch das große *Du*: dein Name, dein Reich, dein Wille – deine Kraft, deine Herrlichkeit in Ewigkeit.

„Das Vaterunser ist ein für allemal das beste Gebet, denn du weißt, wer's gemacht hat. Aber kein Mensch auf Gottes Erdboden kann's so nachbeten, wie der's gemeint hat. Wir krüppeln es nur von ferne, einer noch immer armseliger als der andere. Das schadet aber nicht, wenn wir's nur gut meinen." (Matthias Claudius 1778, Über das Gebet. An meinen Freund Andres).

Die Einsamkeit
des Kellerlochs:
Beten im Verborgenen

Unmittelbar vor dem Unser Vater spricht Jesus in der Bergpredigt über das Beten.

> *„Und wenn ihr betet, sollt ihr nicht sein wie die Heuchler; denn sie beten gern in den Synagogen und wenn sie an den Ecken der Straßen stehen, um sich vor den Leuten sehen zu lassen. Wahrlich, ich sage euch: Sie haben ihren Lohn dahin. Du aber geh, wenn du betest, in dein Kämmerlein und schließ deine Tür zu und bete im Verborgenen zu deinem Vater; und dein Vater, der ins Verborgene sieht, wird es dir vergelten. Wenn ihr aber betet, sollt ihr kein unnützes Geschwätz machen wie die Heiden; denn sie meinen, dass sie um ihrer vielen Worte willen Erhörung finden. Seid ihnen nun nicht gleich; denn euer Vater weiß, was ihr bedürft, ehe ihr ihn bittet.“ (Matthäus 6,5–8).*

Drei Dinge sind es, die nach der Bergpredigt Jesu „im Verborgenen" geschehen müssen – *müssen,* weil sie sonst auf einen falsches Gleis geraten: das Almosengeben (Matthäus 6,1–4), das Fasten (6,16–18) und das Beten. Das Gebet, das Jesus seine Jünger im Anschluss lehrt, wird ihnen also „ins Verborgene" mitgegeben.

Das Äußere des Betens

„Wenn ihr betet" – ja wie ist es denn, wenn wir beten? Was tun wir dann? Denken wir zunächst an das, was äußerlich,

was sichtbar ist beim Beten. Diese Äußerlichkeiten haben ja ihren ganz alten und guten Sinn. Wir schließen die Augen, um nicht abgelenkt zu werden und ganz bei den Worten zu sein. Wir sammeln uns auch buchstäblich mit den Händen; wir falten sie oder legen sie zusammen, um sie wie „still zu legen", denn sie lieben es, ständig mit etwas herum zu hantieren. Im Gottesdienst stehen wir auf zum Gebet – ein Zeichen der Bereitschaft und der Aufmerksamkeit und ein Mittel gegen die Schläfrigkeit. Andere knien, um auch äußerlich in Demut zu Gott zu sprechen. Noch wieder andere haben eine eigenwillige Mischung aus beidem: Sie knien einen Augenblick, stehen für einen Augenblick auf, dann knien sie wieder usw. Dahinter steckt der Gedanke, dass nur eins von beidem dem christlichen Glauben unwürdig wäre: Nur knien wäre nicht gut, weil Gott seine Menschen im Glauben aufrecht in die Welt gestellt hat; nur stehen wäre nicht gut, weil so die Unterwerfung, die Demut vor Gott fehlte. Es gibt das Gebet mit Worten und das stille Gebet ohne gesprochene Worte. In der Frühzeit der Kirche gab es fromme Menschen, die sich als Einsiedler in die Einsamkeit der Wüste zurückzogen; die „Wüstenväter" wurden sie genannt. Einer von ihnen, Agathon, soll 30 Jahre lang einen Stein im Mund getragen haben. Wozu? Damit er das Schweigen lerne, auch das Gebet im Schweigen, ohne äußere Worte. „Wenn ihr betet" – es gibt das Gebet alleine, fern von menschlicher Zuhörerschaft. Es gibt das Gebet mit anderen, das Gebet in der Gottesdienstgemeinde, das Gebet am Krankenbett. „Wenn ihr betet" – eben: Dann kann es in vielen, vielen Formen, an vielen, vielen Orten, unter vielen, vielen Umständen geschehen. Unterschätzen wir dabei das Äußere nicht. Sagen wir nicht zu leicht, zu schnell: Das seien ja *nur Äußerlichkeiten*, auf die komme es ja nicht so sehr an; die Hauptsache sei ja schließlich, dass man überhaupt bete und was man dann bete.

Über das „Was" hören wir dann später, wenn Jesus gleich nach diesem Abschnitt seine Jünger das Unser Vater lehrt. Vorher aber geht es um das „Wie", „wie beten?" – also genau um diese Äußerlichkeiten. Sie haben ihr Gewicht, sie sind beileibe nicht Nebensache.

„Sich sehen lassen vor den Leuten",
„viele Worte machen"

„Wenn ihr betet, sollt ihr nicht sein wie die Heuchler; denn sie beten gern in den Synagogen und wenn sie an den Ecken der Straßen stehen, um sich vor den Leuten sehen zu lassen. Wahrlich, ich sage euch: Sie haben ihren Lohn dahin."

Als Jesus dies sagte, stand in Jerusalem noch der Tempel. Zwei Mal am Tag wurde dort mit großer Feierlichkeit ein Opfer dargebracht: am frühen Morgen und am Nachmittag. Es war üblich, dass die Bewohner Jerusalems oder Gäste in der Stadt jeweils zu dieser Stunde dort, wo sie gerade waren, ein Gebet sprachen oder besser: flüsterten. Man könnte es vergleichen mit unserem Mittags-, Nachmittags- oder Abendläuten. Denn ursprünglich rufen die Glocken dann ja nicht zum Essen oder zum Feierabend, sondern zu einem kurzen Innehalten im Gebet. Gegen diesen Brauch, zu festen Zeiten zu beten, fällt hier kein Wort. Aber gegen den Drang, sich dann – wenn diese Zeiten da sind – einen Platz zu suchen, an dem man möglichst gut, möglichst von vielen gesehen wird, eben: an den Straßenecken, an den Wegkreuzungen.

„Wenn ihr betet, sollt ihr kein unnützes Geschwätz machen wie die Heiden; denn sie meinen, dass sie um ihrer vielen Worte willen Erhörung finden werden. Seid ihnen nicht gleich."

Zum Beten braucht es den Mund – aber wie nun den Mund brauchen? Wenn wir es mit Menschen zu tun haben, müssen wir oft unsere Identität bekannt geben: Name, Vorname, Adresse, Telefon, neuerdings E-mail-Adresse, vielleicht noch Geburtsdatum, Passnummer, Nationalität oder PIN-Code. Was bedeutet es eigentlich, dass wir uns Gott gegenüber nicht so vorstellen müssen? Wir gehen davon aus, dass er uns kennt. Wir müssen nicht bei Null anfangen, sondern können immer dort sein, wo wir gerade stehen – in der Gewissheit, dass Gott uns genau dort hören wird. Das heißt also: Es gibt *sinnlose Gebete*, wenn wir etwa meinen, Gott noch sagen zu müssen, was er doch schon lange weiß. Es gibt *unnütze* Gebete, die so tun, als müssten wir Gott erst noch über uns aufklären. Es gibt *schlechte Gebete*, Gebete wohl, aber schlechte Gebete, wenn Gott angepredigt, wenn er belehrt wird, wenn er beeindruckt werden soll durch Wortschwalle, durch die Tiefsinnigkeit des menschlichen Geistes oder die Schönheit menschlicher Rede. Denk daran: „Gott ist im Himmel, du bist auf Erden; also mach nicht viele Worte" (Prediger 5,1)! Die Frage ist nun allerdings: Was sind „nicht viele" Worte? Was ist das rechte Maß für viel und wenig? Bei der Predigt galt vor 250 Jahren eine Stunde als üblich, 60 Minuten. Unterdessen sind wir bei einer Länge von 25, 20 oder sogar 15 Minuten angelangt. Wer weiß, ob wir nicht in zehn Jahren beim Umfang einer SMS-Mitteilung stehen werden ...

Bescheidenheit und Abgeschiedenheit des Gebetes

Aber nun geht es ja gar nicht um das Abzählen von Minuten – so wenig es darum geht, an den Straßenecken Schilder aufzustellen mit der Aufschrift: „Hier Beten verboten!". Ich möchte es so nennen: Es geht um die *Bescheidenheit des Gebetes*, um die Bescheidenheit vor Gott, aber auch um die Bescheidenheit vor den Menschen. Und diese Bescheidenheit hat unser Beten nun einmal nicht automatisch, wie von selbst und unter allen Umständen. Es hat sie nicht in der Einsamkeit, es hat sie auch nicht öffentlich, auch nicht in Gottesdiensten. Es kann beide Male zu einer Demonstration, zu einem demonstrativen Akt werden – demonstratives Beten vor Gott, demonstratives Beten vor den Menschen. Es gibt sicher auch das Gegenstück: das gleichgültige, gewohnheitsmäßige, das laue, das faule, das schlampige oder dann das peinliche, genierte Beten. Aber so oder so kommt es darauf an, dass wir auf uns, und nun eben auf uns *selbst* acht geben. Die Gefahr der Heuchelei besteht nicht nur immer bei den so genannten „anderen". Es steht jeder, es steht jede in dieser Gefahr. Und die Hauptfrage ist, ob wir diese Gefahr als Gefahr sehen und ernstnehmen. Die Hauptfrage ist, ob wir wachen darüber, dass unsere Gebete nicht zu sinnlosen, unnützen und schlechten Gebeten werden, über die im Himmel gesagt wird: „Der hat seinen Lohn dahin; die hat ihren Lohn dahin." Wir hören hier in der Bergpredigt, dass wir die guten Gebete nicht gepachtet haben, niemand hat das. Die größte Frömmigkeit, die sich ungeniert an den Straßenecken aufstellt, kann die schlechtesten Gebete hervorbringen. Die schönsten Gebete, ausgefeilt, sprachgewandt, großartig und „schön", können im Innersten verfault sein. Es geht um die Wachsamkeit, die mit sich selbst vor Gottes Angesicht kritisch ist und die Frage nie erledigt hat: Bin ich bescheiden vor Gott, der groß ist? Bin ich bescheiden vor den Menschen, die seine Kinder sind?

Und damit sind wir bei der „Verborgenheit". „Bescheidenheit" und „Abgeschiedenheit" hängen in unserer deutschen Sprache eng zusammen. *„Du aber geh, wenn du betest, in dein Kämmerlein und schließe deine Tür zu und bete im Verborgenen zu deinem Vater. Und dein Vater, der ins Verborgene sieht, wird es dir vergelten."* Das ist eigentlich eine ganz haarsträubende Aufforderung. Im Hintergrund steht nämlich nicht ein schönes Einfamilienhaus oder gar eine Villa mit vielen Zimmern, wo man fast die Qual der Wahl hätte, welches Kämmerlein man nun wählen soll. Sondern Jesus hat hier sicher die Sorte Haus vor Augen, in der die meisten Menschen damals lebten: ein Ein-Raum-Haus mit Flachdach. In diesem Ein-Raum-Haus, in dem oft große Familien unterkamen, gab es nur ein einziges separates Räumchen, das man abschließen konnte: Nämlich das Kellerloch, in dem die Nahrungsmittel aufbewahrt wurden. Das stille Gebetskämmerlein ist also hier kein lauschiges Plätzchen, sondern ein muffiges, feuchtes, dunkles Kellerloch. Ein Gebet zwischen Gurken und Olivenkrügen, zwischen Getreidesack und Milchschale. Vermutlich für die wenigsten von uns heute ein attraktiver Ort! Aber für die meisten Leute damals der einzige Raum mit einer gewissen Abgeschiedenheit, und: Ein Raum, der nun absolut das Gegenstück ist zu den Straßenecken.

Das Recht der Verborgenheit

„Bete im Verborgenen zu deinem Vater." Dahin leitet das Wort Jesu. Natürlich hat Jesus selbst auch öffentlich, sichtbar, hörbar für andere gebetet. Bis hin zuletzt am Kreuz, als nun wirklich viele sein Beten gehört haben. Auch ist er immer wieder in der Synagoge und später im Tempel zum Gebet gewesen. Nun schickt er seine Jünger in die Einsamkeit. Denn Beten lernen, Beten üben, sich sammeln, das Bedenken der Worte – das alles kann seinen Platz im Leben nicht nur unter anderen und mit anderen haben. In der Einsamkeit muss es wachsen. Nicht die Wortschwalle zwar müssen dort anwachsen, aber die bescheidene Hinwendung zu Gott. Nicht die geistliche Abgebrühtheit zwar soll dort gelernt werden, aber die Suche nach den rechten Worten und die Prüfung seiner selbst. Vielleicht lag der alte Wüstenvater Agathon gar nicht so falsch damit, wenn er sich einen Stein in den Mund legte: Er hinderte ihn am Gebetspalaver.

Bete im Verborgenen zu deinem Vater. Ist nur das bedeutsam, was vor einer laufenden Kamera geschieht? Hat nur das Gewicht, worüber in der nächstbesten Zeitung berichtet wird? „Das Verborgene" steht quer zu unserer Zeit, die kaum noch Verborgenheiten duldet und alles in ihren Talkshows ausbreiten muss. Es braucht eine gewisse Widerstandskraft, auf der Verborgenheit des Glaubens zu *bestehen* und damit auch an der Verborgenheit *Gottes* festzuhalten. Es braucht eine gewisse Hartnäckigkeit – in unserer Zeit wohl mehr als zu früheren Zeiten –, an diesem Punkt nicht nachzugeben.

Das Gebet ist ja keine Leistung und kein Werk, womit wir andere beeindrucken und auf das wir uns etwas einbilden könnten. So wie beim Geben die Rechte nicht wissen muss, was die Linke tut, so werden auch unsere Gebete nur dann gute Gebete sein, wenn sie ohne Eitelkeit geschehen. Der Kampf gegen die eigene Eitelkeit ist schwer – und dieser Gegner nicht zu unterschätzen. Da kann es aber zehn Mal besser sein, mit Paulus zu sagen: „Wir wissen nicht, was wir beten sollen, wie sich's gebührt" als ein beklatschter Starbeter zu sein. „Wir wissen nicht, was wir beten sollen" – „aber der Geist Gottes selbst tritt für uns ein mit unaussprechlichen Seufzern" (Römer 8,26). Sie werden nicht „schön" sein, diese „Seufzer"; man wird mit ihnen nicht brillieren können. In ihnen steckt Armut vor Gott und nicht Reichtum. Und das gilt gewiss auch für ein Gebet wie das Unser Vater, das wir übernehmen und uns zu eigen machen. Das „Wir wissen nicht" wird durch die Worte, auch wenn wir sie in- und auswendig kennen, niemals aufgehoben. Wir „haben" sie nicht. Um es nochmals mit Matthias Claudius zu sagen: „Kein Mensch auf Gottes Erdboden kann's so nachbeten, wie der's gemeint hat. Wir krüppeln es nur von ferne, einer noch immer armseliger als der andere."

Vielleicht werden wir ja darum ins „stille Kämmerlein" geschickt: Damit wir unsere Armut vor Gott erkennen, damit wir ebenso unsere Armut vor den Menschen erkennen. Auch und vor allem die Armut unseres Glaubens. Und dort, im „stillen Kämmerlein", werden wir dann vielleicht auch das andere erkennen: „Selig sind die geistlich Armen, denn ihrer ist das Reich der Himmel" (Matthäus 5,3). So kann jedes Kellerloch, jede Einsamkeit, jede Abgeschiedenheit mitten im Reich Gottes sein.

Unser Vater im Himmel

Martin Luther hat das Vater Unser „den größten Märtyrer auf Erden" genannt. Ein Märtyrer ist einer, der wegen seines Glaubens bis aufs Blut geplagt und zu Tode gequält wird. Wir ahnen wohl, was Luther gemeint hat. Wie viele Milliarden Menschen haben diese Gebetsworte nun schon in den Mund genommen von der Stunde an, da Jesus sie seine Jünger gelehrt hat. Aber es sind wohl nicht die vielen Jahre, die vielen Menschen allein, an die Luther dachte. Zum Märtyrer wird das Unser Vater ja jeweils beim Einzelnen. Beim Einzelnen entscheidet sich, ob er es herunterleiert, dahinplappert, geistlos dahersagt, ohne Sinn und Verstand und nur gerade mit dem Mund spricht – und es damit plagt und quält und foltert und am Ende tötet.

„Der größte Märtyrer auf Erden". Es wird gut sein, wenn wir die vertrauten Worte wieder bedenken, gewissermaßen drei Schritte von ihnen zurücktreten und wieder fragen: Was sagen wir eigentlich, wenn wir sie sagen?

Eintreten in den großen Chor

„Ihr nun sollt so beten: Unser Vater in den Himmeln." So lehrt also Jesus seine Jünger beten. Es ist ein Gebet zur Wiederholung. Es ist zum Vornherein dazu bestimmt, wiederzukehren: den ganzen Weg der Christenheit hindurch, an all den verschiedenen Orten, die es da geben mag, unter all den verschiedenen Umständen, die da möglich sind. Es waren die letzten Worte, die man aus brennenden Scheiterhaufen hörte. Es hört das Kind am Abend die Worte von Vater oder

Mutter auf dem Bettrand. Es sind die Worte, bei denen der alte, senile, kaum noch ansprechbare Mensch unerwartet die Augen öffnet und die Lippen bewegt, weil es vertraute Lebensworte sind, tief eingewurzelt. Wie oft waren es die letzten Worte auf dem Sterbebett, unter Aufbietung aller Kraft noch einmal, ein letztes Mal gesprochen? Und ist es nicht sonderbar, wenn man auf Reisen ist in einem fremdsprachigen Land und einen christlichen Gottesdienst besucht: Mag man sonst kaum ein Wort verstehen – man erkennt doch sofort das Unser Vater, wenn es gesprochen wird. Ein Gebet also, das durch die Zeit und um die Welt gegangen ist. Und es gibt vermutlich keine tausendstel Sekunde tagein, tagaus, in der nicht irgendwo auf der Welt ein Mensch in seiner Sprache sagt: *Unser Vater im Himmel*.

Das alles, weil es der Gemeinde zur *Wiederholung* gegeben ist. Und das heißt: Wer die Worte spricht, stellt sich eigentlich nur in diese unübersehbar lange Reihe von Menschen, die das Gebet schon vor ihm sprachen. Und er stellt sich eigentlich nur in diesen unübersehbaren Chor von Menschen, die das Gebet gerade jetzt auch irgendwo in der Welt sprechen. Menschen? Nein, nicht *Menschen*. Wenn sie alle sagen: „Unser Vater im Himmel", wenn sie also zum gleichen Vater sprechen, dann sind sie untereinander (warum sollte der alte Ausdruck jetzt nicht fallen?) *Schwestern* und *Brüder*. Dann ist eine Gemeinschaft da, die gilt – die auch dann gilt, wenn ich von ihr nichts verspüre oder wenn sie mir weit fortgerückt erscheint. In dieser Gemeinschaft *bin* ich, wenn ich sage: *Unser Vater im Himmel*.

Wo ist der „Himmel"?

Beginnen wir mit dem Ende dieser Anrede: „im Himmel". Es ist wohl wahr: Jedes Zeitalter hat auf seine Weise zum Himmel geschaut. Der Stand der Sonne, die Phasen des Mondes und die Position der Gestirne haben schon die ältesten Kulturen der Menschheit beschäftigt. „Himmel" stand für das Zelt, das sich über die Erde wölbt, stand für kosmische Ordnung, für bedeutungsvolle Zeichen (die Weisen aus dem Morgenland!) und für das schlechthin Unerreichbare. Aber auch das ist wohl wahr: In keinem Zeitalter zuvor wurde der Himmel erobert wie in unserem, in keinem Zeitalter zuvor hat die Menschheit es vermocht, sich dort zu bewegen und anwesend zu sein. Fliegerverbände haben ihre Bombenteppiche gelegt und Millionen in die Luftschutzkeller getrieben. Atombombenabwürfe haben den Staub der Erde zwölf Kilometer weit in den Himmel getragen. Der erste Mensch im Weltall, Juri Gagarin, funkte aus seiner Kapsel die launige Mitteilung zur Erde, er könne weit und breit keinen Gott sehen. Auf dem Mond wurde die amerikanische Flagge aufgestellt. Gigantische Bauwerke haben sich in den Himmel gereckt, und noch gigantischer war es, wenn sie bei Terroranschlägen zu Fall gebracht wurden. Der Lärm, den wir auf der Erde machen, hat nun auch am Himmel seine Fortsetzung gefunden. Und der computergestützte Wetterbericht sagt uns mehr oder weniger zuverlässig, was der Himmel morgen bringen wird. Welches Zeitalter zuvor hätte mit so vielen Mitteln, so gründlich zum Himmel geschaut wie das unsrige?

Aber was das heißt: *Unser Vater im Himmel*, haben wir ja durch all das nicht besser und tiefer verstanden als die Generationen vor uns. Und wenn wir Menschen uns noch so in den Himmel strecken, am Ende gehören wir ja doch zur Erde. Und es bleibt über uns ausgerufen: „Erde bist du, und zur Erde musst du zurück" (1. Mose 3,19) – Erde zu Erde, Asche zu Asche, Staub zum Staube.

Dass Gott „im Himmel" ist, heißt zunächst einmal nichts anderes als dies: Dass er anders ist als wir, nicht mit unseren Maßstäben zu messen, nicht nach unseren Gefühlen zu beurteilen und nicht hineinzuziehen in das, was wir wollen und wünschen. Uns allen, ausnahmslos allen – und wenn es die Berühmtesten, Mächtigsten, Verehrtesten, Reichsten wären oder aber die Unbekanntesten, Schwächsten, Verachtetsten und Ärmsten – uns allen, ausnahmslos allen, die wir von der Erde sind, steht er gegenüber und ist frei. Niemand wird ihn vor seinen Karren spannen können. Niemand wird ihn sich dienstbar machen können. Niemand wird groß sein wie er.

Der „Himmel" ist *über* uns, so wie Gottes Thron über uns ist. Und das gilt überall. Wie sollte der Himmel etwas sein, das irgendwie in uns drin ist? Dafür sind wir Menschen denn nun doch etwas zu klein. Und wie könnten wir uns dann auf die Suche machen nach „heiligen Orten" (oder wie man jetzt esoterisch gerne sagt: „Kraftorten"), wo etwas mehr Himmel sein soll als anderswo? Und wie könnten da die Bewohner der Alpenländer (weil es dort etwas höher ist als anderswo) gewissermaßen einen „Glaubensvorteil" haben gegenüber den Flachländern? Himmel ist Himmel. Menschliche Höhenmeter werden für Gottes Nähe kaum eine Rolle spielen. Im Gegenteil: Das Vater Unser legt uns in Erinnerung, falls wir es vergessen haben sollten, dass Gott im Himmel ist, also *fern*, fern von uns, fern von unserem Menschenwesen, fern von unseren Menschenvorstellungen. Hüten wir uns, diese Ferne zu ignorieren oder mit religiösen Floskeln fortzureden. Wir werden als Menschen diese Ferne nicht aufheben.

Erst dann, wenn wir das in seiner ganzen Tiefe verstanden haben, erst dann werden wir auch verstehen, was es mit der Nähe Gottes auf sich hat. Es ist *er*, der den Schritt auf uns zu macht, nicht wir zu ihm. Der Glaube zählt nicht die eigenen Schritte, sondern Gottes Schritte. Er betet nicht, um sich als Mensch Gott anzunähern, sondern er betet, weil er Gott in der Nähe weiß. Wir müssen Gott nicht zu uns ziehen – wie sollten wir es auch? Wer hätte solche starken Arme? Aber glauben, darauf vertrauen, sich darauf verlassen, dass er ganz nahe ist, das ist der Boden, auf dem wir stehen. In diesem Sinne formulierte Paul Gerhardt die Strophe in seinem Adventslied „Wie soll ich dich empfangen" (1653):

Ihr dürft euch nicht bemühen
noch sorgen Tag und Nacht,
wie ihr ihn wollet ziehen
mit eures Armes Macht.
Er kommt, er kommt mit Willen,
ist voller Lieb und Lust,
all Angst und Not zu stillen,
die ihm an euch bewusst.

Der Vater, der anders ist

„Unser *Vater* im Himmel" – o ja, darüber sind nun in den letzten 20, 30 Jahren dicke Bücher geschrieben worden. Gott als Vater? Der Patriarchengott? Vater als Inbegriff der Autorität, der Strenge, der Herrschaft? Wo bleibt die Mutter? Verstellt nicht so manche schwere Kindheit mit der unauslöschbaren Erinnerung an den betrunkenen, gewalttätigen Vater den Blick auf „unseren Vater im Himmel"? Und wieviele werdende Väter haben sich aus dem Staub gemacht und sind der Inbegriff für Verantwortungslosigkeit geworden? Viele Einwände, und sie sind ja wahrlich nicht aus der Luft gegriffen.

Gehen wir noch weiter, weiter zurück. Eine Gottheit als „Vater" zu bezeichnen, ist in der Religionsgeschichte ein uralter Begriff. Bei den Griechen wurde, um nur ein Beispiel zu nennen, Zeus als „Vater der Menschen und der Götter" bezeichnet. Darin ist sowohl eine göttliche „Zeugung" eingeschlossen wie auch die oberste Autorität über alles Seiende. In der antiken Philosophie galt die Idee des Guten als „Vater aller Dinge". Aber diese Denkwelt ist weit vom biblischen Vaterbegriff entfernt.

Im Alten Testament wird Gott zwar nicht häufig (14x), aber dann meist in zentralen Zusammenhängen als „Vater" bezeichnet. Das Volk Israel appelliert z. B. gerade in der Erkenntnis seines Versagens an Gott als Vater, an seine Treue und Verlässlichkeit: „Wo ist . . . das Wallen deiner Liebe und deines Erbarmens? Halte dich doch nicht zurück, denn du bist unser Vater!" (Jesaja 63,15 f.). Umgekehrt spricht Gott von seinen Menschen wie von Kindern, die er nicht anders als lieben kann: „Ist eigentlich Ephraim mein teurer Sohn, ist er mein Lieblingskind? So oft ich von ihm rede, muss ich immerfort seiner gedenken; darum stürmt mein Herz ihm entgegen, ich *muss* mich seiner erbarmen." (Jeremia 31,20). So spricht kein Patriarch, kein autoritärer Übervater! Überhaupt ist jeder „Sexismus im Motiv des Vaters abzuwehren: das biblische Vatermotiv hat in seiner zentralen theologischen Intention durchaus auch ‚mütterliche' Züge" (Jan M.

Lochman). Bei Jesaja (49,15) vergleicht Gott sich denn auch ausdrücklich mit einer Mutter, oder besser: Er nennt sich *mehr* als eine Mutter: „Wird auch eine Frau ihres Kindleins vergessen, dass sie sich nicht erbarmte über den Sohn ihres Leibes? Und ob sie gleich seiner vergäße, so will *ich* doch dein nicht vergessen."

Im Neuen Testament wird die Bezeichnung Gottes als „Vater" dann zum zentralen Begriff, der in vielen Variationen erscheint. „Mit allem Nachdruck werden in den Evangelien im Wort ‚Vater' die Motive der besonderen, fast zärtlichen Nähe, Beziehung der Liebe und des Vertrauens in den Vordergrund gestellt, wogegen die mit dem Begriff allgemein mitklingenden ‚patriarchalisch-autoritären' Elemente eher in den Hintergrund treten" (Lochman). Bezeichnend ist hier vor allem das „Gleichnis vom verlorenen Sohn", wie es meist genannt wird. Treffender wäre der Titel „Gleichnis vom barmherzigen Vater" (Lukas 15), denn er steht zwar überall im Hintergrund, ist aber doch der eigentliche Hauptakteur, an dem alles hängt. Er läuft dem abtrünnigen, später wieder heimkehrenden Sohn entgegen; statt Starrheit Bewegung auf den Sohn zu, statt kalter Schulter offene Arme, statt Vorhaltungen Freude. Dies ist nicht das Abbild des natürlich-menschlichen Vaters, sondern man wird sagen dürfen: Hier wird er gerade in Frage gestellt mit seinem gewöhnlichen Gehabe und Gepränge von Autorität und „Über-Ich".

Die Anrede „Unser Vater" spiegelt also einen zentralen oder sogar *den* zentralen Wesenszug der neutestamentlichen Botschaft wider. Vergessen wir nun aber nicht: Es ist *Jesus*, der seinen Jüngern dieses Wort in den Mund legt. Er spricht von *seinem* Vater, und nur weil *er* es tut, nur weil er es uns erlaubt, hat es einen Sinn, dass *wir* Gott „unseren Vater" nennen. Ohne Jesus, so meinte der Genfer Reformator Johannes Calvin, sei diese Anrede eine „Frechheit", eine „Anmaßung". Wenn wir es wagen, dann auf seine Erlaubnis hin, in seiner Nachfolge, weil er uns mitnimmt als seine Schwestern und seine Brüder und uns auf diese Weise so fest zu sich zieht, damit wir zu ihm gehören.

Und noch etwas ist wichtig: Das Neue Testament erzählt, dass Jesus (und nach ihm die Apostel) oft ein viel sanfteres

Wort für „Vater" gebraucht hat. In seiner aramäischen Sprache sagte er „Abba" – das Wort der Kleinkinder, die gerade anfangen zu reden, mehr gelallt als gesagt. So etwas wie „Papa", ein kindliches Wort, das eigentlich nicht von biologischen Abstammungsverhältnissen spricht, sondern von der *Beziehung* zwischen dem ganz Kleinen und dem ganz Großen. „Unser Papa im Himmel."

Der unbekannte Vater

Statt all der erwähnten Fragezeichen hinter dem Wort „Vater", die man in unserer Zeit setzt, denken wir nun an etwas anderes. Nach dem 2. Weltkrieg hat es, wie Walter Lüthi damals in einer Predigt erwähnte, reihenweise Begebenheiten wie diese gegeben: Da kommt ein Vater nach jahrelanger Kriegsgefangenschaft heim, abgemagert, gealtert, vielleicht noch krank dazu. Steht vor seiner Tür, in der seine Frau, seine Kinder erscheinen. Die Kinder haben ihn kaum noch in Erinnerung. Zu viele Jahre sind es gewesen. Und beim letzten Fronturlaub sind sie viel zu klein gewesen, als dass sie noch eine Vorstellung haben könnten, wie ihr Vater aussieht. Wie oft ist es nun geschehen, dass eine Mutter in der sonderbaren Situation war, ihre Kinder nach vorn zu schieben, auf den Fremdling zu, mit den Worten: „Seht, da ist euer Vater!" Und die Kinder wussten mit dem Mann kaum etwas anzufangen.

„Unser Vater im Himmel" – der unbekannte, der vergessene Vater. Ist nicht so manche kirchliche Unterrichtsstunde, so manche Trauung, so manche Beerdigung, so mancher Gottesdienst, so manches Gespräch wie diese Begegnung nach dem Krieg an der Tür? Wie oft steht die Kirche wie diese Mutter da: „Seht, da ist euer Vater!", weil die Kinder selbst es nicht mehr wissen. Und doch ist es ihre Aufgabe, das zu sagen.

Das erste Wort:
„unser", nicht „mein"

Nun noch das erste Wort: „*Unser* Vater im Himmel." So haben es die Jünger gehört, so ist es um die Welt gegangen und geht es noch. „Unser" – nicht „mein" Vater. Nehmen wir das wahr, nehmen wir das ernst: Im ganzen Gebet Jesu Christi kommt kein einziges Mal das Wort „ich" vor. *Unser* tägliches Brot, nicht meins. Vergib *uns unsere* Schuld, nicht nur meine, wie auch *wir* vergeben *unsern* Schuldigern. Erlöse *uns* von dem Bösen, nicht nur mich. Dem „Du" Gottes steht hier überall das „Wir" der Menschen gegenüber. Zunächst das „Wir" derer, die mit diesen Worten gemeinsam beten und sichtbar beieinander sind. Dann das „Wir" all derer, die für uns unsichtbar und weit entfernt auch so beten, einschließlich derer in den Häusern, einschließlich der Kranken im Spital, einschließlich derer, die man kaum einmal in den Gottesdiensten sieht, die aber vielleicht jeden Tag ihres Lebens mit diesem Gebet beschließen. Und dann das „Wir" aller Menschen, weil Gottes Vaterschaft sich auf alle Menschen erstreckt und alle davon leben, dass sie seine Kinder sind. „Unser Vater" – das passt also nicht zu einem Egotrip, das passt nicht zu einer weltabgewandten Frömmigkeit, das passt auch nicht zu esoterischen Heilslehren, wo jeder ganz privat, hoch individuell und nur für sich Erleuchtung sucht. Im christlichen Glauben (und damit auch beim Beten) gehören wir zusammen, auch wenn das wahrlich nicht immer ganz einfach ist – aber wir gehören zusammen. Weil sich Gottes Himmel über *uns* spannt, nicht nur über mich. Und weil er durch Christus der Vater *aller* Menschen ist.

Damit weitet sich der Horizont. Im „stillen Kämmerlein" wird die ganze Welt präsent. „Der Christenmensch muss also seine Gebete nach der Regel richten, dass sie auf die Gemeinschaft bezogen sind und *alle* umfassen, die in Christus seine Brüder sind! Damit schließt er nicht nur die ein, die er gegenwärtig als seine Brüder um sich sieht, sondern *alle Menschen*, die auf der Erde leben. Er weiß nicht, was Gott über sie beschlossen hat, aber *das* weiß er: daß es ebenso fromm wie menschlich ist, für sie das Beste zu wünschen und zu erhoffen! ... Kurz, alle unsere Gebete müssen so beschaffen sein, dass sie sich auf die Gemeinschaft richten, die unser Herr in seinem Reich, seinem Haus aufgerichtet hat." (Johannes Calvin).

Geheiligt werde dein Name

Sieben Bitten hat das Vater Unser – dies also ist die erste. Und es wird wohl kaum so ganz zufällig sein, was hier in der Reihenfolge am *Anfang* steht. Wer weiß, was *wir* – wenn man uns denn fragen würde – an die erste Stelle setzen würden. Ist es so ganz abwegig zu vermuten, dass wir wohl erst einmal an uns selbst und unser Leben denken würden?

An erster Stelle: der Blick nach oben und nach unten

Am Anfang wäre dann die Bitte um Gesundheit; um die Freiheit von den tausend großen und kleinen Ängsten, die uns plagen; die Bitte um Wegnahme einer Sorge, die uns bis in den Schlaf verfolgt; um Bewahrung unserer Kinder vor Abwegen; und dann vielleicht noch, dass uns das Sterben einmal nicht so schwer werden möchte. Was wäre die erste Bitte? – Oder aber es könnte sich der Horizont beim einen oder anderen noch etwas weiter spannen als nur gerade bis zur eigenen Nasenspitze. Der Weltfrieden könnte die Nummer 1 sein; der Sieg über den Hungertod, den 24 000 Menschen jeden Tag, einen um den anderen, sterben; die Bitte um Gerechtigkeit, dass die unerträgliche Kluft zwischen reich und bitterarm endlich geschlossen werde. – Oder noch wieder anders: Dass die christliche Kirche, die christliche Gemeinde endlich wieder mehr Leben habe und aus dem müden Lämpchen eine Leuchte werde, ein Licht also, das Kraft hätte, reale Dunkelheiten real zu überwinden.

47

Natürlich: Um all das kann man bitten. All das hat seinen guten Sinn. Aber wenn Jesus seine Jünger beten lehrt, steht all das nun einmal *nicht* an erster Stelle. Stattdessen etwas, das weit entfernt erscheinen muss. Worte, die wir kaum zuerst auf der Zunge hätten, werden uns buchstäblich in den Mund gelegt. Warum? Wozu?

Geheiligt werde dein Name. Da wird also unser Blick gleich am Anfang *ganz nach oben* gelenkt und *ganz nach unten.* Ganz nach oben, weil es hier um Gott geht, der größer ist als wir und dessen Name hoch über all unseren kleinen Namen steht. Denn sein „Name", das ist ja er selbst; in ihm ist zusammengefasst alles, was er ist und tut und will und kann. Und all das ganz oben, also dass keiner noch über ihm wäre. – Aber genauso nun ganz unten. Denn wenn noch darum gebeten werden muss: *Geheiligt werde dein Name,* dann ist dabei doch vorausgesetzt, dass sein Name eben *nicht* heilig gehalten wird, dass er noch nicht den Platz in der Welt bekommen hat, der ihm zukommt, dass es immer noch zur Tagesordnung gehört, dass neben seinen Namen und über seinen Namen immer noch andere gestellt werden. Dass wir immer noch singen müssen „Allein Gott in der Höh *sei* Ehr" und noch längst nicht singen können „Allein Gott in der Höh *ist* Ehr". So weist diese Bitte eben auch nach unten zu uns, wo das Wort „Gott" zwar in vieler Munde ist, aber wie oft eben nur gerade als die vier Buchstaben „G-o-t-t", die alles und auch nichts besagen können. Mit denen man Schindluder treiben und die man für seine eigenen Zwecke dienstbar machen kann; vier Buchstaben, mit denen man ebenso ein Gebet beginnen wie man damit einen eben entstandenen Kaffeefleck auf der frisch gewaschenen Tischdecke beklagen kann („Ogottogott!"). Es ist *nicht* so, dass Gottes Name bei uns, ganz unten also, heilig gehalten würde.

Auch in den Zehn Geboten wird ja darauf der Finger gelegt: „Du sollst den Namen des Herrn, deines Gottes, nicht missbrauchen." (2. Mose 20,7). Gott will offenbar nicht um *jeden* Preis „im Gespräch bleiben". Und es sind ihm offenbar längst nicht *alle* Mittel recht, wie von ihm oder zu ihm geredet wird. Aber: „Der Name des Herrn" – was ist denn das überhaupt? Wie heißt er denn eigentlich? Das ist nun gar nicht so leicht zu beantworten. Im Alten Testament, im hebräischen Urtext, da hat Gott wirklich einen Namen, und zwar aus vier Buchstaben: JHWH. Mit absoluter Sicherheit weiß heute aber keiner, wie dieser Name richtig auszusprechen wäre. Denn die jüdische Tradition hat dieses Gebot so ernst genommen, dass sie ihn aus Sorge vor einem möglichen Missbrauch gar nicht mehr in den Mund genommen hat. Jedes Mal, wenn man beim Lesen der hebräischen Heiligen Schrift zum Gottesnamen kommt – bis heute ist das so –, dann sagt man im Judentum stattdessen ein Ersatzwort: „adonai", gewöhnlich übersetzt mit „der Ewige" oder „der Herr". Und dem sind auch später die christlichen Bibelübersetzer gefolgt. Wer in seiner deutschen Bibel das Wort „Herr" liest, kann davon ausgehen, dass an diesem Ort im Hebräischen die vier Buchstaben JHWH stehen. So ist uns der Name Gottes eigentlich verborgen (Lediglich die „Zeugen Jehovas" haben es sich zum Programm gemacht, das von ihnen sog. „Verschweigen" des Gottesnamens in den christlichen Kirchen anzuprangern). Wir sagen „Gott", was ja eigentlich gar kein Name, sondern nur eine allgemeine Bezeichnung ist, die auch andere Religionen brauchen.

Dies wurde aber kaum als schmerzliches Defizit oder störender Mangel empfunden. Mit Formulierungen wie „in Gottes Namen" oder (wie zum Eingang der Schweizerischen Bundesverfassung) „im Namen Gottes, des Allmächtigen" war im christlichen Abendland hinreichend benannt, von wem die Rede war. „Name" meint hier die Gegenwart Gottes, in der der Mensch verantwortlich handelt; der Mensch ist „coram deo", vor Gottes Angesicht. Bei der Taufe jedoch wird der Name Gottes seit Alters her nach Matthäus 28,19 trinitarisch und damit exakter genannt: „Ich taufe dich im Namen (richtiger wäre nach dem griechischen Urtext eigentlich: „in den Namen", also „in den Namen hinein") des Vaters und des Sohnes und des Heiligen Geistes."

Mit dem „Namen", so lässt sich zusammenfassend sagen, ist also Gott selbst umschrieben und angedeutet, seine Präsenz, sein Wesen, seine Unterschiedenheit von all dem, was sonst Rang und Namen hat. Auch im Horizont seiner Verborgenheit wird der Blick nach oben *und* nach unten gelenkt.

Gott tut seine Sachen selbst

Das Sonderbare ist nun: Dies ist die einzige Bitte im Vater Unser, die im Passiv, in der Leidensform ausgedrückt ist. Alle anderen Bitten sind im Aktiv; da heißt es: Komme, geschehe, gib, vergib, führe, erlöse. Aber hier: „werde geheiligt". Auffällig ist weiterhin: Es ist hier nicht ausdrücklich gesagt, durch *wen* der Name Gottes nun eigentlich geheiligt werden soll. Es ist ein Ausdruck, der sonderbar in der Schwebe bleibt. Es soll etwas geschehen, aber es wird nicht gesagt, durch wen.

Spontan möchte man vielleicht sagen, das sei doch völlig klar. Es geht hier doch klipp und klar darum, dass Gott in der Welt wieder die Position erhält, die ihm zukommt. Dass *er* wieder die „Nummer 1" wird und nicht all das, was sich sonst diese Position einnehmen möchte. Also: Am Anfang des Unser Vater stünde dann so etwas wie ein Aktionsprogramm zur Wiederherstellung der Ehre des göttlichen Namens – die Verpflichtung, die Selbstverpflichtung, alles zu tun, um ihm wieder Ehrfurcht und Respekt zu verschaffen, und dafür die Ärmel hoch zu krempeln und sich ans Werk zu machen.

Aber das kann es doch nun nicht sein. Da wäre ja völlig vergessen: Hier steht eine *Bitte* und kein Gelöbnis. *Unser Vater im Himmel, geheiligt werde dein Name*, das kann doch nur heißen: Sorge *du* dafür! Mach du, dass es wahr werde hier bei uns, unter uns Menschen! Schaffe du deinem Namen Raum unter uns und bewahre uns davor, dass dein Name unter die Räder kommt. Wir bitten dich darum: Tu es! Tu *du* es!

Und damit ist Gottes Name *Gottes* Sache – nicht unsere. Schrecklich! Entsetzlich! Unmöglich! Wo wir doch so gerne danach fragen: Was müssen wir jetzt tun? Was ist jetzt unsere Aufgabe? Was gibt es jetzt in Angriff zu nehmen? Und genau an dem Punkt steht das, was Jesus seine Jünger zu allererst gelehrt hat: *Das* sollt ihr tun, *das* ist eure Aufgabe – Gott zuzutrauen, dass er *selbst* seine Sachen machen kann, und darauf hoffen, darum bitten, *dass* er sie tut.

An erster Stelle steht das und durchkreuzt damit die Vorstellung, dass der liebe Gott nur durch *uns* in der Welt etwas werden kann. Es hat sich in der Geschichte immer verheerend ausgewirkt, wenn Menschen im Glaubenseifer gemeint haben, *sie* müssten diesem Vater im Himmel auf Erden Respekt verschaffen. *Sie* müssten ihm auf die Sprünge helfen. Etwa in dieser Art: Eine mächtige Kirche muss her, die auf die Menschen Eindruck macht, vielleicht noch unter gelegentlicher Beiziehung von Kanonen. Eine prächtige Kirche muss her, die den Menschen den lieben Gott schmackhaft macht. Eine moderne Kirche muss her, die den Menschen zeigt, dass der liebe Gott nicht von gestern ist. Eine bodenständige Kirche muss her, eine Kirche, „die im Dorf bleibt", weil mit der Wahrung von Traditionen auch der alte Glaube an Gott gewährleistet bleibt. Eine lustige Kirche muss her, die den Menschen zeigt, dass der Glaube an Gott eine feine Sache ist, die Spaß macht. Eine präsente Kirche muss her, die überall im Gespräch ist und überall auf sich aufmerksam macht, damit die Menschen am lieben Gott nicht vorbeilaufen. Viele Programme, viele Strategien, viele Pläne, wie Gottes Name unter uns geheiligt oder wieder geheiligt werden soll, alle auf ihre Weise kämpferisch oder zumindest schwungvoll. Im Vater Unser aber steht am Anfang kein Menschenprogramm, sondern eine *Bitte:* Tu *du* es, sorge *du* dafür!

Gottes Name: Lire oder Euro?

Gottes Name – ist es denn überhaupt so, dass wir überall und jedes Mal, wenn wir Menschen ihn gebrauchen, ihn zu seiner Ehre gebrauchen? Ist es denn so, dass unsere Anstrengungen ihm quasi automatisch Respekt verschaffen würden? Ich möchte es mit einem Vergleich sagen. Anfang 2002 hat es im Euroland neues Geld, neue Münzen, neue Noten gegeben. Wer auf der Bank gewechselt hat, bekam blütenreine, makellose und noch nie gefaltete Euronoten in die Hand gedrückt. Und wer damit zahlte, war der allererste, der die

Noten über den Ladentisch schob. Aber so frisch und rein und neu werden wir kaum einmal den Namen Gottes in der Welt austeilen, auch wenn wir es wollten. Ist unser Reden von Gott nicht vielmehr wie jene alten 5000-Lire-Noten? Zur Hälfte eingerissen, dreckig und speckig, mit ein paar Notizen drauf, tausend Mal gefaltet, sichtbar durch × Hände gegangen – man mochte fast staunen, dass das immer noch als Zahlungsmittel anerkannt wurde! Oder noch anders, ebenso aus der Welt des Geldes: Wie oft ist das Reden von Gott wie eine Inflation gewesen. Viel war davon da, unheimlich viel. Aber genau dadurch auch entwertet, herabgesunken im Wert und zu einer gewohnheitsmäßigen Bagatelle geworden, bis hin in die Gottesdienste. Oder noch anders, auch dies aus des Welt des Geldes: Wie oft ist das Reden von Gott Opfer von Falschmünzerei geworden. Große Worte, die aber nur billige Kopien waren. So manche haben erst spät, vielleicht sogar zu spät gemerkt, dass sie einem Betrug auf den Leim gegangen sind. Und was nach „Gott" getönt hatte, war nur ein billiger Abklatsch ohne Wert, ohne Substanz gewesen, nicht mehr als „G-o-t-t".

Geheiligt werde dein Name – was wäre aus Gottes Namen geworden, wenn seine Größe, seine Majestät, seine Würde, seine Heiligkeit an uns gehangen, von uns abhängig gewesen wäre? Wäre er nicht schon lange untergegangen oder ersetzt wie die Lire durch den Euro? Nicht *wegen* uns, nicht *durch* uns wird Gottes Name, bleibt Gottes Name heilig, sondern *trotz* uns. *Geheiligt werde dein Name trotz uns!* Lass nicht zu, dass unsere Unheiligkeit deinen heiligen Namen in der Welt überschattet oder verdunkelt! Das ist unsere Bitte. Denn dein Name ist gut, und er soll ein guter Name bleiben.

Die Tränen töten das Lächeln nicht

„Gottes Name ist von selbst heilig", sagt Martin Luther in seinem Kleinen Katechismus. „Aber" – und jetzt erst, unter diesem Vorzeichen, ist vom „aber" zu reden – „aber wir bitten in diesem Gebet, dass er auch bei uns heilig werde." Was ist denn nun *unsere* Aufgabe? Ich sehe sie bei dieser Bitte zunächst darin, dass wir lernen, über uns selbst bescheiden zu denken. Wer sind wir, wenn wir meinten, wir müssten Gott verteidigen, retten, zu Hilfe eilen? Das übersteigt ja unsere Kräfte. Das hat wohl auch Maria nicht gemeint, als sie in ihren berühmten Lobgesang begann mit den Worten: „Meine Seele erhebt den Herrn" (Lukas 1,46). Wer könnte Gott höher „heben" als er schon ganz von sich aus ist? Aber von Gott groß denken, große Hoffnung auf seine Weisheit und auf seine Wege zu haben, *das* ist unsere Aufgabe. Von ihm erwarten, dass er Neues schaffen und Neues in Bewegung bringen kann, auch da wo alles völlig verklemmt, verfahren scheint, *das* ist unsere Aufgabe. Daran festzuhalten, dass *er* regiert, er und nicht das Geld und nicht die Waffen und nicht die menschliche Dummheit, *das* ist unsere Aufgabe.

Aber nun nicht nur eine Aufgabe im Herzen, im Denken. Hier muss – im Bild gesprochen – nach dem „Amen" das „stille Kämmerlein" verlassen und in die alltägliche Welt mit ihren Hässlichkeiten und Unheiligkeiten zurückgekehrt werden. Der brasilianische Befreiungstheologe Leonardo Boff sagt genau unter dieser Voraussetzung, dass Gott allein der Heilige ist: „Wir heiligen den Namen Gottes, wenn wir durch unser Leben, durch unser solidarisches Handeln dazu beitragen, menschliche Beziehungen herzustellen, die gerechter und heiliger sind und mit der Gewalt und der Ausbeutung des Menschen durch den Menschen Schluss machen. Gott wird immer dann verletzt, wenn man sein Bild und Gleichnis, das der Mensch ist, verletzt, und er wird immer dann geheiligt, wenn die Würde der Enteigneten und Vergewaltigten wieder hergestellt wird ... Heiligen heißt Gott trotz allen negativen Erfahrungen loben, preisen und verherrlichen ... Die Tränen töten das Lächeln nicht, und alle Bitterkeit hat die Heiterkeit des Herzens nicht verdrängt. Dass dies gesagt, stets neu bekräftigt und immer wieder gefeiert werden kann, darin besteht eine der wesentlichen Aufgaben der christlichen Gemeinde."

Geheiligt werde dein Name. Es liegt also eine Freiheit darin – die Freiheit nämlich, die Hoffnung zu bewahren. Und in dieser Freiheit lässt sich als Mensch etwas ausrichten, mit dem Mut der Bescheidenheit. Es ist die Bescheidenheit, die sich ungekünstelt vor Gott verneigt und in der Welt ungekünstelt gerade steht.

Dein Reich komme

Das Küchenfenster öffnet sich und eine Mutter ruft den Kindern auf der Straße zu: „Kommt, das Essen steht auf dem Tisch!" Ein Anruf in der Notrufzentrale: „Kommen Sie schnell, es ist ein Unfall passiert!" Ein Liebesbrief liegt auf dem Tisch; da steht am Schluss: „Komm bald wieder zu mir." Die Tochter bettelt, am Abend noch etwas länger als üblich ausgehen zu dürfen: „Komm, jetzt sag endlich ja!" Aus allen Knopflöchern der Welt ruft es: Komm, komm, komm! Ungeduldig, streng, mahnend, sehnsüchtig oder aufgeregt. Ein Wort, das eher mit dem Ausrufezeichen als mit dem Punkt verheiratet zu sein scheint.

Wann ruft man das? Wenn die eine Seite, die ruft, getrennt ist von der anderen Seite. Wenn man der anderen Seite sagen will, dass es an der Zeit ist, sich in Bewegung zu setzen. Wenn man der anderen Seite zu verstehen geben will, dass sie erwartet wird. Wenn man damit rechnet, dass die andere Seite weiß, worum es geht, und nicht ganz gleichgültig ist gegenüber dem, der da ruft.

Das alles steckt auch in der zweiten Bitte des Unser Vater drin. Es ist der Ruf danach, dass eine Trennung, die jetzt noch besteht, überwunden werde: das Getrenntsein vom Reich Gottes in seiner sichtbaren, in seiner vollständigen Gestalt. Es ist der Ruf in Gottes Ohr: „Wir warten auf dich!" Es ist das Vertrauen darauf, dass Gott uns gegenüber nicht gleichgültig ist. Aber dann ist es noch etwas anderes als alle Komm-Komm-Rufe, die sonst durch die Welt gehen. Es ist nämlich die Hoffnung darin zusammengefasst, dass dort, wo Gottes Reich kommt, in der Welt etwas anders, etwas neu, etwas durch und durch gut wird. Wo Gottes Reich kommt, da tritt nicht etwas hinzu – zusätzlich zu dem, was ist –, sondern da wird etwas zum Guten verändert.

Was ist das „Reich"?

Aber damit bin ich vielleicht schon zu weit vorgeprescht. Denn das Wort „Reich" ist ja nun nicht ein Wort, das zu unserer gewohnten Alltagssprache gehört. Bei den anderen Worten im Vater Unser ist das anders: Wille, täglich Brot, Schuld, Versuchung, da kann man sich allenfalls etwas vorstellen. Aber das Reich? Es hat einmal ein Kaiserreich gegeben, es hat einmal das so genannte „Dritte Reich" gegeben, das sich gern auch das Tausendjährige Reich genannt hat und zum Glück nur ganze zwölf Jahre währte. Man spricht vom Reich der Sinne oder vom Reich der Tiere. Und wer einen Besucher in seine Hobbywerkstatt im Keller führt, öffnet vielleicht die Tür mit den Worten: „Und das hier ist mein Reich!" Aber das alles hilft uns ja nicht gerade sehr viel weiter. Denn das Wort, das hier im Griechischen steht, meint nicht ein Territorium mit abgesteckten Grenzen, nicht ein Quantum Quadratmeter oder Quadratkilometer, die irgendwo an ein anderes Territorium stoßen. Sondern hier geht es um eine *Tätigkeit*, nämlich die Ausübung einer Herrschaft. „Basileus" ist der König, „Basileia" ist die Königsherrschaft, die ausgeübt wird. Und das ist das Wort, das hier steht: Deine Basileia, deine Königsherrschaft komme! Deine Betätigung als König, als Regent, als Alleroberster, Allerhöchster komme!

Hier bitten wir Gott also um die Ausübung seiner Macht. Er wird sie wohl auch ausüben, wenn wir ihn nicht darum bitten, wenn wir sie gering schätzen oder vergessen oder vor ihr nur gerade formell das Hütlein lüften und ansonsten unsere eigenen Wege gehen. Indem wir aber bitten darum, erkennen wir an, dass dieser König frei ist darin, seine Macht zu brauchen oder nicht zu brauchen. Er ist nicht der Sklave unserer Wünsche, und unser bisschen Verstand reicht an seine Weisheit nicht heran. Er bleibt frei. Nun bitten wir ihn, dass er in seiner Freiheit für seine Welt, für seine Menschen sorge. Das freilich hat darin seinen Grund, weil sich solches Bitten auf Gottes Wort und Verheißung stützt, wonach er in der Betätigung dieser Freiheit nicht unentschlossen und schwankend ist, sondern (der Ausdruck begegnet einem in der Bibel auf Schritt und Tritt) „treu" und entschieden ist.

Dein Reich komme, das kann eigentlich nur bitten, wer 1. etwas davon gemerkt hat, dass die Welt so, wie sie ist, nicht in Ordnung ist, und wer 2. eine Ahnung davon hat, dass überall dort, wo Gottes Königsherrschaft kommt, etwas in Ordnung kommt. Das sind die zwei Hauptpunkte.

Gemerkt haben, dass die Welt so, wie sie ist, nicht in Ordnung ist

Nein, wer sich hier pudelwohl fühlt und mit der Welt und sich selbst zufrieden ist, der wird wohl kaum mit Verstand beten können: „Dein Reich komme." Der wird vielleicht genau umgekehrt sagen: Komm mir bloß nicht damit! Ich hab alles, was ich brauche, und will nichts, gar nichts verändert haben! Es ist darum wohl kein Zufall, dass diese Bitte immer dort und immer dann mit einer besonderen Sehnsucht gesprochen wurde, wo das Leiden in der Welt, das Leiden an der Welt am größten, am schmerzhaftesten war. Und dort, dann ist diese Bitte wohl auch am meisten mit Verstand gesprochen worden. Denn das ist keine Bitte der Habenden, der Sorglosen, der Satten, der Gesunden, der Starken. Sondern es ist die Bitte derer, die mit der Krankheit der Welt leben; die die vielen Ungerechtigkeiten sehen; die sich sorgen um das endlose Blutvergießen; die der Gedanke plagt, wie viele täglich an ihrem Hunger sterben; die mit gebundenen Händen zusehen müssen, wie die Reichen immer reicher und die Armen immer ärmer werden; die sich an den Kopf greifen bei der Nachricht, dass verarmte Männer und Frauen aus Moldawien für ein Trinkgeld eine ihrer Nieren verkaufen und so zum Ersatzteillager für Reiche aus dem Westen werden; die auch darunter leiden, dass die Christenheit so oft eine Gesellschaft ist, in der schöne Worte gepflegt werden, auch schöne Worte von Missständen, treffende Worte, aber wie oft eben leere Worte, die nichts ändern.

Dein Reich komme. In einem uralten Gebet, das in der frühen Christenheit weit verbreitet war, hieß es: „Es vergehe diese Welt, und es komme dein Reich." Warum haben sie das gebetet? Nicht weil es so schön und unterhaltsam ist, Welten vergehen zu sehen, sondern weil die Welt so, wie sie ist, nicht in der Ordnung ist, weil die Welt so, wie sie ist, nicht am Ziel ist. Dazu gibt es zu viele Tränen in ihr. Und wer die gesehen hat, der kann keine Sehnsucht danach haben, dass die Welt bleibt – so bleibt, wie sie ist. Der kann nur die Sehnsucht haben, dass sie anders und neu wird.

Eine Ahnung davon haben, dass überall dort, wo Gottes Königsherrschaft kommt, etwas in Ordnung kommt

Hier entscheidet sich, ob wir Gott etwas zutrauen. Ob er etwas zu sagen hat zu den Tränen der Welt – und nicht nur zu *sagen:* Ob er da etwas zu *tun* hat und tun *kann.* „Dein Reich, deine Königsherrschaft komme" zu bitten und gleichzeitig nichts von ihm zu erwarten, das passt so gut zusammen wie Feuer und Wasser.

Wer aber die Botschaft Jesu Christi vernimmt, der hört in den Evangelien immer wieder von der Königsherrschaft Gottes. Man muss sogar sagen: Das ist sein Zentralwort. Das erste, was man in aller Öffentlichkeit von ihm hört, ist: „Tut Buße, kehrt um, denn das Reich der Himmel, das Reich Gottes ist genaht!" (Matthäus 4,17). Und genau am anderen Ende seines Wirkens, am Kreuz, spricht ihn einer der Mitgefangenen darauf an: „Jesus, gedenke meiner, wenn du mit deiner Königsherrschaft, mit deinem Reich kommst!" (Lukas 23,42). Dazwischen gleich massenweise Gleichnisse für diese Königsherrschaft Gottes, so als könnte man anders als in Gleichnissen kaum darüber reden. Das Reich Gottes ist wie ein großes Gastmahl, zu dem die Geladenen aber nicht kommen wollen und dann andere geladen werden. Es ist wie ein winziges Senfkorn, das doch zu einem großen Baum wird. Es ist wie ein Stück Hefe, Sauerteig, das einen großen Teig zum Aufgehen bringen kann. Es ist wie ein König, der seinem Untergebenen einen großen Berg Schulden erlässt, der es aber nicht erträgt, wenn der gleiche Untergebene seinen Schuldnern gegenüber hart und gnadenlos bleibt. Es ist wie ein Acker, auf den guter Same gesät wird, aber ein anderer kommt und streut Unkrautsamen hinein. Alles zusammengenommen heißt das Kommen vom Reich Gottes immer, dass etwas Dynamisches geschieht, dass etwas in Bewegung gerät, dass eine Unruhe entsteht, dass etwas nicht so bleibt, wie es ist, und dass ein neuer Anfang entsteht. Nicht ruckartig oder wie mit einem großen Knall, sondern im Kleinen wie ein Senfkorn, mit der Stetigkeit von Sauerteig, mit der Vollmacht eines Königs und mit der geduldigen Arbeit eines Bauern auf seinem Ackerfeld. All das auf eine alltägliche und dennoch geheimnisvolle, erstaunliche, überraschende Weise. Es geschieht dann, dass der, der überall sonst der Letzte ist, auf den Ehrenplatz gesetzt wird; dass dem, der sonst nichts gilt, eine Würde zuteil wird; dass die heimlichen Ungerechtigkeiten offenbar werden und so der Schwache in Schutz genommen wird. Wenn wir also um dieses Reich bitten, kann es nicht anders sein als mit der Bitte, dass es *so* kommt. Es hat ein Gefälle, es hat eine eindeutige Neigung zu den Tränen der Welt hin.

Das aber ist nicht ein Anhängsel des christlichen Glaubens. Das ist nicht etwas, das man – wenn man Zeit und Lust hat – *auch* noch bedenken kann. „Sucht *zuerst* Gottes Reich und seine Gerechtigkeit" (Matthäus 6,33), *bevor* ihr euch Gedanken macht um euer eigenes Leben, was ihr essen, was ihr trinken, was ihr anziehen, wie ihr leben könnt. *Zuerst*, das heißt doch: Hier ist der Horizont weiter gespannt als nur das eigene Leben, weiter als nur die Bedürfnisse, die man für sich selber sieht. Hier ist uns die Sorge um die Welt anbefohlen, und die Welt ist nie weit fort. Da steht jeder mittendrin. Die oberste Frage wird dann sein, ob wir für diese Welt eine Hoffnung haben oder ob wir sie hinnehmen wie sie ist. Die oberste Frage wird dann sein, ob wir sie als *Gottes* Welt ansehen, über der er regiert und über die er seinen guten Willen hat, oder ob wir sie als Spielball menschlicher Machenschaften betrachten.

Wir rufen also Gott zu: Komm! Komm in unsere Welt und verändere sie. Du kannst es, du hast es versprochen und du hast die Macht dazu. Wir bitten dich darum: Übe deine Macht aus, die du als König hast! So steckt in diesem Ruf also die Freiheit drin, dass wir mit allen anderen Mächten, welchen Namen sie auch tragen, sehr kritisch sein sollen, sehr kritisch sein müssen. *„Dein* ist das Reich und die Kraft und die Herrlichkeit in Ewigkeit" – dein ist die Königsherrschaft, niemandem sonst gehört sie, keiner Macht sonst, gebärde sie sich nun gottlos oder fromm.

Kommen, Zukommen, Zukunft

Es lohnt sich, bei diesem Wort „kommen" einen Augenblick stehen zu bleiben. Das griechische „erchomai" gehört im Neuen Testament nicht nur zu den zahlenmäßig am stärksten vertretenen, sondern auch zu den zentralen Worten. Es ist kein Zufall, dass ausgerechnet ein Verb, das eine Bewegung beschreibt, so häufig auftaucht; der Sachverhalt deutet an, dass die biblische Botschaft nie etwas Statisches ist, nie von etwas Statischem erzählt: Es geht um den lebendigen Gott und um den lebendigen (und auch sterblichen) Menschen. „Kommen" beschreibt im Neuen Testament den Weg Jesu Christi zu den Menschen, den Weg der Menschen zu ihm, das Erscheinen des erwarteten Messias (im Judentum wird er schlicht „der Kommende" genannt), das Kommen des Reiches Gottes, das Kommen Gottes zum Gericht und das Wiederkommen, die Wiederkunft Christi. Eine Dynamik und Bewegung, die die ganze Zeit, die ganze Weltzeit umfasst. „Advent" ist das An-Kommen Christi, auf das die Christenheit zurückblickt. Blickt sie nach vorn, erwartet sie seine „Zukunft", sein Zu-Kommen (in der reformatorischen Tradition wurde bis ins 19. Jahrhundert an dieser Stelle des

Unser Vater übrigens gesagt: „Zukomme dein Reich", in Anlehnung an das lateinische „adveniat"). Von der Zukunft her wird also eine Bewegung erwartet, ein Herankommen und „Ein-Schreiten" Gottes.

Aufschlussreich ist die Formulierung, die im letzten Buch der Bibel, der Offenbarung, des öfteren zur Beschreibung des Wesens Gottes verwendet wird: „Der ist und der war und der kommt." (Offenbarung 1,4.8; 4,8). Gott umspannt alle Zeiten, er ist ewig. Sein Dasein ist nicht aufhebbar. Aber seine Zukunft wird hier nicht beschrieben als „der sein wird", sondern „der kommt" (im griechischen Urtext sogar noch deutlicher: „Der ist und der war und der Kommende"). Damit wird Gott als der charakterisiert, der eine Zukunft mit der Welt hat. Damit wird die Welt charakterisiert als Raum, der eine Zukunft mit Gott hat. Das ist das biblische Zeitverständnis: Zeit fließt nicht endlos dahin, sondern hat ihr Ziel, ihren Sinn bei Gott. Zeit ist eine „eschatologische" Größe, sie wird „vom letzten her" bestimmt. Ihre Zukunft ist das, was – nein, *der*, der auf sie zu kommt. Von dieser Erwartung ist das biblische Zeugnis ebenso geprägt wie von der Erinnerung an das schon geschehene Kommen, den „Advent". Diese Zeit ist Zwischenzeit, begrenzt, mehr noch: eingefasst und gehalten vom „A und O", wie die gleiche Offenbarung (1,8; 21,6; 22,13) Christus im Bild vom griechischen Alphabet (seinem ersten und letzten Buchstaben Alpha und Omega) nennt.

Genau die erwähnte kritische Distanz führt eigentlich ganz zwangsläufig, ganz notgedrungen dazu, als Christenheit dort in der Welt, wo sie nicht in Ordnung ist, etwas auszurichten. Diese Hoffnung auf das Reich Gottes ist ganz zwangsläufig, ganz notgedrungen der Motor gewesen, nun jeweils in seiner Zeit nach Aufgaben zu suchen oder sie gar nicht zu suchen, sondern sie mit wachem Geist und offenen Augen ganz einfach zu *sehen*, wo Menschen darauf warten, dass auf ihr Leben etwas von dieser Hoffnung fällt. Und es ist umgekehrt immer schlimm gewesen, eine ganz und gar trostlose Sache, wenn dieser Motor stillstand. Schöne Predigten, feierliche Lieder, feine Gebete, bestens geordnete Kirchenverhältnisse – das alles wird leer, das alles wird ein Leerlauf, wo der Dienst in der Welt fehlt. Wo aber diese „Welt" ist, das muss man ja nie suchen. Das ist immer da, das ist immer nahe.

Warum die Kirche kein „stummer Hund" werden darf

Es gehört zu den Traurigkeiten der Kirchengeschichte, dass so oft andere (zumal betont nichtchristliche Vordenker und Bewegungen) die Not der Welt schärfer wahrgenommen, leidenschaftlicher angeprangert und entschiedener in Angriff genommen haben und gleichzeitig einer verweltlichten, an die Verhältnisse nur zu gern angepassten Kirche doppelbödige Moral und stumpfes Gerede vorgeworfen haben. Der junge Karl Marx beispielsweise stand (freilich ohne es zu wollen) mit seinem Protest gegen alle Verhältnisse, „in denen der Mensch ein erniedrigtes, ein geknechtetes, ein verlassenes, ein verächtliches Wesen ist", dem Wesen der Reich-Gottes-Hoffnung wohl näher als manche bequeme Kirchlichkeit seiner Zeit. Die Frage lässt sich niemals abschütteln, ob die christliche Kirche sich zu einem „stummen Hund" machen lässt, verstummt vor den Tränen der Welt, arrangiert mit der Unordnung in der Welt und nicht mehr im tätigen Protest gegen diese Unordnung: „Der Teufel hat keinen lieberen Bundesgenossen als eine Kirche, die in der Sorge um ihren guten Ruf und um ihren sauberen Mantel ewig schweigt, ewig meditiert, ewig diskutiert und ewig versucht neutral zu bleiben. Der Teufel hat keinen lieberen Bundesgenossen als eine Kirche, die zu einem stummen Hunde geworden ist. Das ist es, was nicht geschehen darf." (Karl Barth).

Was aber nur zu oft geschehen *ist*, muss man sagen. Die Sprengkraft, die die Bitte um das Kommen von Gottes heilender Herrschaft in sich trägt, ist nach Helmut Gollwitzer immer wieder durch drei Tendenzen gedämpft worden: *Individualisierung, Spiritualisierung, Verjenseitigung. Individualisierung* der Reich-Gottes-Verheißung meint: Hier wird die kirchliche Verkündigung und der Glaube enggeführt in der Beschränkung auf den einzelnen bedrängten Menschen. Es geht dann um seinen persönlichen Trost, seine persönliche Hoffnung, auch um seine persönliche Unbeflecktheit inmitten einer ansonsten „bösen Welt". Individualisierung auch beim Sündenverständnis, das nur das Schuldigwerden, die Verhaltensweisen des Einzelnen anspricht, aber die gesellschaftlichen Strukturen außer Acht lässt. Das Studium der Reformation bietet hier ein breites Lernfeld für die gesellschaftliche Relevanz des Evangeliums. Hand in Hand mit der energischen Neugestaltung des Kirchenwesens und der Ausrichtung des Glaubens auf das Wort Gottes allein ging die Organisation des Sozialwesens in Stadt und Land. *Strukturelle Armut*, die Generation um Generation neue Verwahrlosung produzierte, wurde hinterfragt. Zwingli etwa war ein feuriger Kämpfer gegen das „Reislaufen", die traditionsreiche Anwerbung verarmter Schweizer Jugendlicher für den Kriegsdienst unter fremden Landesherren. Heute werden wir in unserem Teil der Welt genauso leidenschaftlich fragen müssen nach den Auswirkungen *strukturellen Reichtums*, wenn unser Wohlstand sich auf das wirtschaftliche Elend von zwei Dritteln der Weltbevölkerung gründet, wenn hier die Aktien steigen, weil dort die Löhne sinken. Individualisierung würde die großen Zusammenhänge übersehen, im schlimmsten Falle sogar zu diesem Übersehen ermuntern. *Spiritualisierung*, Vergeistlichung der Reich-Gottes-Verheißung, steht der Individualisierung nahe. Sie macht daraus eine rein innerliche Angelegenheit des frommen Menschen, „seinen Frieden" und sein „Seelenheil" zu finden, ohne soziale Dimensionen. Der Blick auf Christus, „das Brot des Lebens", lässt das „Brot für die Welt" vergessen. Feierliche Gottesdienste lassen den beschwerlichen Menschendienst zweitrangig werden. In der mystischen Nähe zu Gott wirkt die hässliche Welt wie ein Störenfried. Die Reich-Gottes-Hoffnung wird dann zu einem geistlichen Konsumartikel, der einem ein besseres Lebensgefühl vermittelt. Die „Seele" wird zum eigentlichen Lebensraum, der „Leib", die Leiblichkeit, das Weltliche zu einem leider unvermeidlichen Ballast. Dies wiederum führt zur *Verjenseitigung*: Das Reich Gottes wird ein Gegenstand zukünftig-jenseitiger Hoffnung, von dem die Gegenwart unberührt, ungefordert bleibt. Es wird zu einer in sich geschlossenen guten Welt, die den Menschen erst nach diesem Leben erwartet. Gottes Reich wird ein Thema für Todesfälle und am Grabe, es hängt an ihm der Geruch der Sterblichkeit. Wer dann vom Sauerteig spricht, der hier in dieser Welt seine Wirkung zeigen will, wird als „Schwärmer" abgetan. Verjenseitigung nimmt die Welt, „wie sie nun einmal ist": unverbesserlich und nicht mehr als ein Vorhof zur „eigentlichen" Welt.

Individualisierung, Spiritualisierung, Verjenseitigung – natürlich ist unübersehbar, wie nahe diese drei sich sind und wie sehr untereinander verbunden. Der Einzelne, der innere Mensch, das Jenseits – niemand wird bestreiten, dass dies wichtige Dimensionen und Angelpunkte des Glaubens darstellen. Wo sie aber in die Haltung eines „stummen Hundes" führen, leugnen sie die Dynamik, die Macht des Reiches Gottes in der Welt.

Dein Reich komme – eine Bitte mit Leidenschaft, Sehnsucht und Sprengkraft. Wer es erwartet, dieses Reich, wird nicht verlangen, dass alles beim Alten bleibt. Er verlangt danach, dass Gott wahr macht, was er verheißen hat: „Siehe, ich mache alles neu!" (Offenbarung 21,5). Und er sehnt sich danach, dass etwas von diesem Neuen schon in diese Zeit hineinragt und sie verändert.

Dein Wille geschehe wie im Himmel so auf Erden

Offenbar ist das, was in der Welt geschieht, nicht identisch damit, dass Gottes Wille geschieht. Offenbar ist die Welt nicht so, dass sie erfüllt wäre von lauter Ereignissen, durch die Gottes Wille geschieht. Das, was Jesus seine Jünger lehrt, ist keine Feststellung, sondern eine *Bitte*. Sie setzt voraus, dass der Mensch keine Marionette Gottes ist, die quasi automatisch ausführt, was ihre Bestimmung ist. Sie setzt umgekehrt auch voraus, dass Gott nicht die Marionette des Menschen ist, die quasi automatisch ausführt, was ihr vom Menschen aufgetragen wird. Unter diesen beiden Voraussetzungen steht diese Bitte.

Von da ausgehend, hat sie zwei Seiten. Wer sie ausspricht, wird mit seinen Gedanken einmal mehr auf der einen, einmal mehr auf der anderen Seite sein. Auch die Auslegung dieser dritten Bitte bewegt sich über all die vielen Jahrhunderte hin letztlich auf diesen beiden Seiten. Ich möchte sie so umschreiben:

> *Es ist eine Bitte,*
> *die aufrichtet und gleichzeitig beugt,*
> *die Raum schafft für Hoffnung und*
> *zugleich Illusionen zerstört,*
> *die zum Freuen und ebenso zum Erschrecken ist,*
> *die Wunden heilt und im gleichen Augenblick weh*
> *tut*
> *die aufatmen und zugleich aufseufzen lässt.*

Beides gehört immer zusammen; das eine lässt sich nie vom anderen trennen. Man könnte es mit einem Bahngleis vergleichen, das immer zwei Schienenstränge hat. Auf einem

65

allein könnte sich kein Zug bewegen. Gehen wir wie ein Streckenwärter den beiden nach.

Eine Bitte, die aufrichtet, Raum für Hoffnung schafft, zur Freude dient, Wunden heilt und aufatmen lässt

Wo sprechen wir diese Bitte? Wir sprechen sie im Gedränge der Zeit, im Gedränge der Welt und im Gedränge unseres eigenen Lebens. Wir sprechen sie mit Blick auf eine Geschichte, die einerseits ein rasendes Tempo hat mit ihren Neuerungen, Umwälzungen und Veränderungen, die andererseits sich aber doch immer nur in ihren alten Bahnen hinzuschleppen scheint: wo Macht missbraucht wird; wo neue Kriege sich entzünden, kaum sind alte erloschen; wo einige wenige an Schalthebeln ziehen und Millionen andere die Konsequenzen zu spüren bekommen; wo der Mensch von seinen Möglichkeiten rege Gebrauch macht, leider aber so oft auf eine „unmögliche" Weise; wo Neues geschaffen wird zum Preis rücksichtsloser Gefährdung oder gar Zerstörung des Vorhandenen. Wir sprechen *Dein Wille geschehe* angesichts der bedrückenden Erfahrung, dass gerade die besten Vorhaben, die ehrlichsten Absichten und die dringendsten Anliegen scheitern. Wir sprechen die Bitte als die Menschen, die von so vielem, das in der Nähe und in der Ferne geschieht, den Sinn suchen und doch nicht kennen und darunter leiden. Wir sprechen sie als Menschen, deren Weg ungewiss ist, die von vielen Sorgen umgetrieben werden. Wir sprechen sie auch als Menschen, die einmal sterben müssen und ein Leben lang die Frage mit sich tragen, wie es dann wohl sein wird und wann es sein wird.

In all dieser Bedrängnis beten wir so. Und indem wir so beten, sagen wir schon: Nein, so durcheinander und ziellos so vieles auch scheint, es ist doch nicht das Chaos, das die Welt regiert. Es ist nicht der Zufall, der mit der Welt und mit uns spielt. Es sind nicht diese und jene Kräfte und Mächte, die herrenlos an uns ziehen und uns einmal hierhin, einmal dorthin reißen. Es steckt in der Welt ein Wille, es steht über der Welt ein Wille, und der ist „höher als alle Vernunft" (Philipper 4,7), auch höher als unser Empfinden und Meinen – aber er ist da. Und der hat Macht in der Welt. „Unser Anfang und unsere Hilfe steht im Namen des Herrn, der Himmel und Erde gemacht hat, der Bund und Treue hält ewiglich und der nicht fahren lässt das Werk seiner Hände", ist das (an Psalmworte angelehnte) klassische Eröffnungswort des reformierten Gottesdienstes. Letztlich auf der gleichen Linie liegt es, wenn die lutherische Liturgie mit den Worten einsetzt: „Ehr' sei dem Vater und dem Sohn und dem Heiligen Geist ..." Es ist die Hinwendung zum präsenten und für seine Menschen aufmerksamen Gott. Wer daran festhält, muss vor dem Durcheinander der Welt nicht kapitulieren. Wer das betet: *Dein Wille geschehe wie im Himmel so auf Erden*, der weigert sich schlicht und einfach, alles, grundsätzlich alles, was geschieht, nur so hinzunehmen, als sei es unabänderlich. Hier geht es weder um eine fromme Kapitulation noch um eine weise Resignation. Denn so lange Gott noch seine Absicht mit der Welt hat, so lange er ihr die Treue hält, so lange sein Wille bleibt, so lange ist das letzte Wort noch nicht gesprochen.

Was steht oben: die Unordnung der Welt oder Gottes Heilsplan?

1948 fand in Amsterdam die erste Versammlung des Ökumenischen Rates der Kirchen statt, ganz unter dem Eindruck des Chaos und der Zerstörung des 2. Weltkrieges. Entsprechend war das Thema gewählt: „Die Unordnung der Welt und Gottes Heilsplan". Der Basler Theologe Karl Barth hielt damals das Eröffnungsreferat. Er fragte, ob das Thema nicht umgekehrt heißen müsse: Gottes Heilsplan und die Unordnung der Welt; denn was Unordnung in der Welt sei, könne nur von Gottes Heilsplan her sichtbar und greifbar werden. Wer nervös und erschrocken auf die Unordnung der Welt blicke, gleiche Petrus, der auf Sturm und Wellen schaute und darin denn auch sofort versank. Die Gefahr sah er darin, dass die Christenheit immer wieder stecken bleibt nicht nur in ihren menschlichen Beschreibungen und Beurteilungen der irdischen Nöte, sondern dann genauso stecken bleibt in ihren menschlichen Plänen und Maßnahmen zur Bekämpfung und Überwindung dieser Nöte. Dieser Appell Barths ist sicher nicht nur an die Atmosphäre der Nachkriegsjahre gebunden. Die Versuchung besteht zu allen Zeiten, die „Unordnung der Welt" groß zu schreiben – und sie dabei so groß werden zu lassen, dass „Gottes Heilsplan" darüber nicht viel mehr als ein Programm wird (wie es viele Programme gibt), diese Unordnung zu überwinden; wobei dann „die Kirche" die Institution wird, die dieses Programm in ihre Regie und Verwaltung nimmt. „Wir werden es nicht sein, die diese böse Welt in eine gute verwandeln. Gott hat seine Herrschaft über sie nicht an uns abgetreten." Vielmehr gehe es darum, „inmitten der politischen und sozialen Unordnung der Welt seine Zeugen" zu sein und damit „eine revolutionäre Hoffnung sondergleichen zu verkündigen". Auch bei den guten Absichten (nicht nur bei den bösen!) bleibt es demnach dabei: Gott regiert. Und damit nicht wir. Sein Wille wird nie identisch sein mit unserem Willen, noch weniger mit unserem Vollbringen.

Aber nun: „Gottes Wille" – was ist denn das? Worauf will er denn hinaus? „Gott will" – so sagt ein Schlüsselwort im Neuen Testament (1. Timotheus 2,4) –, „dass alle Menschen gerettet werden und zur Erkenntnis der Wahrheit kommen." Gottes Wollen ist also ein Wohl-Wollen (im besten Sinne des Wortes). Es steckt die Liebe zu seinen Menschen drin. Es steckt die Treue zu dem „Gegenüber" drin, das er sich geschaffen hat in seiner Schöpfung. Es steckt die Zu-Neigung drin zu dem Wesen, das es ihm wahrlich schwer macht, mit dem er es sich aber umgekehrt niemals leicht macht. Auf dieses Wohl-Wollen, diese Liebe, diese Treue und Zu-Neigung zu hoffen, ist wohl die größte Hoffnung, die ein Mensch haben kann. Gott bahnt sich den Weg durch große Dunkelheiten, öffnet Türen, die längst zugeschlagen sind, muss dort, wo alles verfahren scheint, nicht aufgeben. Seine Wege sind noch nicht am Ende.

Vom Knien zum Aufstehen

Leicht ist es freilich nicht und billig ist es auch nicht, daran festzuhalten, dass Gottes Wille stärker ist als die „Unordnung der Welt". Diese Bitte im Unser Vater weist ja schnurstracks in die Passionsgeschichte, in den Garten Gethsemane, wo Jesus kurz vor seiner Gefangennahme betet. Nicht als ein Held, sondern in aller Menschlichkeit und Schwachheit. „Er geriet in angstvollen Kampf", heißt es da, „und sein Schweiß wurde wie Blutstropfen, die auf die Erde fallen". Er betete: „Vater, wenn du willst, so lass diesen Kelch (des Leidens) an mir vorübergehen! Doch nicht mein, sondern *dein Wille geschehe!*" (Lukas 22,42–44). Wohl nichts anderes in der Bibel ist näher an der dritten Bitte des Vater Unser als dies. Im Leiden noch hält Jesus daran fest, dass der Wille des Vaters gut ist, zum Guten dient und dem Guten Raum schafft. So gibt er Gottes Willen den Vorrang und geht damit – vorbei am leichten – den schweren Weg. Aber ist es nicht auffällig, wie Jesus genau in diesem Augenblick mit *diesem* Wort beginnt: „*Vater*", so wie auch im Gebet, das er seine Jünger lehrt: „Unser *Vater* im Himmel"? Es ist ein Wort der Gemeinschaft, der Beziehung und der Nähe, es ist ein Wort des Vertrauens: Nicht Befehlshaber, Kommandozentrale, Marionettenspieler, sondern „Vater". Nicht alle Väter auf Erden sind solch ein Vater, aber der „Vater im Himmel" ist es. Und darum ist auch dort noch, wo alles ganz dunkel erscheint, eine Freiheit da, die über den Augenblick hinausblickt und in der Nähe des Vaters getrost wird. Es ist dabei nicht nur ein Detail der Passionsgeschichte, dass Jesus zu diesem Bitten „niederkniet" (Lukas 22,41), ja sich sogar „auf sein Angesicht niederwirft" (Matthäus 26,39). Aber dann steht er auf, dann steht er, aufrecht, und aufrecht wird man ihn gefangen nehmen – auch dort, wo der „Kelch" *nicht* an ihm vorübergeht.

Dein Wille geschehe wie im Himmel so auf Erden – darin liegt die Hoffnung, dass Gottes guter Wille, sein Wohl-Wollen die Macht hat, sich im Durcheinander der Welt durchzusetzen, auch im Durcheinander des eigenen Lebens. Darin liegt die Gewissheit, dass Gott (für uns geheimnisvoll und undurchschaubar genug!) diese Durchsetzungskraft hat. Und wenn die Welt Kopf steht, er hat sie. Immer, wenn wir das Unser Vater beten, lenken wir unseren Blick dorthin. Eine Bitte, die aufrichtet, der Hoffnung Raum schafft, zur Freude dient, Wunden heilt und aufatmen lässt.

Und nun das andere.

Es ist eine Bitte, die gleichzeitig beugt, Illusionen zerstört, zum Erschrecken ist und weh tut

Auf der Bahnlinie ist dies das zweite Gleis, das neben dem ersten verläuft und nur mit diesem zusammen den „Zugverkehr" ermöglicht.

Die Ausdrucksweise der Überschrift stammt nicht von mir. Martin Luther hat sie in seiner „Deutschen Auslegung des Vaterunsers für die einfältigen Laien" von 1519 gebraucht. Lassen wir uns vom Alter dieser Worte nicht abschrecken; sie beschreiben scharf und plastisch das zweite „Gleis" (das freilich, Luthers Auslegung insgesamt betrachtet, besonders „breit" geraten ist). Er sagt: „Dein Wille geschehe", das sei eigentlich eine „gefürchtete Bitte". Sie tue der Natur des Menschen „sehr weh". Vor ihr müsse jeder „erschrecken". Warum? Weil „Gott uns in diesem Gebet gegen uns selbst bitten heißt. Damit lehrt er uns, dass wir keinen größeren Feind haben als uns selber. Denn unser Wille ist das Größte in uns, und gegen ihn müssen wir bitten." Dieses Gebet „packt das Böse beim Kopf". Zu wem gehört dieser Kopf? Luthers Antwort: *Unser Eigenwille* ist der „Hauptbösewicht".

Was werden wir davon halten? Die erste Reaktion wird vielleicht eine gewisse Entrüstung sein: So düster wird es mit unserem Willen ja nun wohl doch nicht stehen! Ein starker Wille kann schließlich auch zum Guten wirken. Wie viele Kranke konnten deshalb das Krankenhausbett so schnell wieder verlassen, weil ihr Wille stark war. Wie viele konnten eine schwere Ausbildung nur durchstehen, weil sie ein festes Ziel vor Augen hatten, und das wollten sie nicht loslassen.

Wie viele Kämpfer und Kämpferinnen für Menschenrechte, für Gerechtigkeit, für Freiheit hätten nie etwas erreicht, wenn sie sich durch jeden Knüppel, den man ihnen zwischen die Beine warf, hätten aufhalten oder zum Schweigen bringen lassen. Und auch von Martin Luther selbst haben die Zeitgenossen mit reichlich gerunzelter Stirn erzählt, dass er einen ungeheuerlichen Dickschädel haben konnte, dem kaum ein Mensch gewachsen war.

Strategie des Eigenwillens: der liebe Gott gehört ins Reservat

Unser Eigenwille, der „Hauptbösewicht". Das meint ja nun aber gar nicht einen Charakterzug, der bei manchen stärker ausgeprägt ist als bei anderen. Auch werden damit die Willenlosen nicht auf den Thron gesetzt. Die Sache geht tiefer. Dass es nämlich in der Natur von uns Menschen liegt, zunächst einmal unserem eigenen Willen zu folgen und uns von Gott nicht dreinreden zu lassen. Die erste Frage ist demgemäß: „Was will ich?" und nicht „Was will Gott?". Es erscheint uns dann als eine ausgemachte Sache, dass das, was ich will, etwas Reales, etwas Handgreifliches, etwas Sicheres ist, worauf man sich abstützen kann. Vielleicht gewähren wir dem „lieben Gott" hier und da noch eine kleine Insel, wo sein Wille regieren darf, am liebsten etwas am Rande, im Ausnahmezustand. Zum Beispiel im Falle von Krankheit und Tod oder wenn eine Verzweiflung über uns kommt, eine Sinnkrise, und die Wellen über uns zusammenzuschlagen drohen, oder in einer stillen Stunde (falls sie sich ergeben sollte), wo uns so allerhand Gedanken durch den Kopf gehen. Aber rings um diese Inseln das große, weite, rauschende Meer, das wir mit unserem Schiffchen am liebsten auf eigene Faust durchkreuzen. Der liebe Gott im Reservat (wie auf der nordamerikanischen Landkarte die Indianerreservate mit lineal geraden Grenzen markiert sind), und ringsumher, möglichst mit viel Sicherheitsabstand, pulsiert das Leben: wird gearbeitet, Geld gegeben und genommen, das Brot gegessen, im Staat regiert, Politik getrieben, werden Kinder aufgezogen, Kriege begonnen, Termine geplant und und und.

Dein Wille geschehe wie im Himmel so auf Erden. Das verträgt ja nun keine Reservate. Das schließt ausdrücklich alles ein. „Himmel und Erde" ist in der Bibel gewissermaßen der Fachausdruck für „alles, was ist" oder „alles, was Gott geschaffen hat". Und darum kann es wohl nicht anders sein, als dass hier in der ganzen Breite unseres Lebens, in der ganzen Weite der Welt Fragezeichen über uns aufblitzen, dass uns hier eine Ruhe nicht gelassen wird, die wir wohl gerne hätten. Es ist ganz recht, wenn sich hier das „Was will ich?" gehörig angegriffen sieht. Denn hier werden wir nun einmal mit der Nase darauf gestoßen, dass es noch einen anderen Willen gibt als den unsrigen – einen, der Anspruch erhebt auf unser Leben, unser ganzes Leben, und damit nicht aufhören wird bis zu unserem Ende. Hier stößt unser Ich an seine Grenze, bei diesem Du. Es ist nicht mehr mit sich allein, dieses Ich (oder merkt, wie wenig es jemals mit sich allein war), und dies „wie im Himmel so auf Erden", also überall, ohne Ausnahme.

Dein Wille – für unser ganzes Leben. Die Barmer Theologische Erklärung vom Mai 1934 hat dies auf dem Hintergrund der Auseinandersetzungen um den Weg der Kirche im Nationalsozialismus in einer berühmt gewordenen Formulierung so ausgedrückt: „Wie Jesus Christus Gottes Zuspruch der Vergebung aller unserer Sünden ist, so und mit gleichem Ernst ist er auch Gottes kräftiger Anspruch auf unser ganzes Leben ... Wir verwerfen die falsche Lehre, als gäbe es Bereiche unseres Lebens, in denen wir nicht Jesus Christus, sondern anderen Herren zu eigen wären ..." Gottes Zuspruch und Anspruch, beides gültig für „unser ganzes Leben". Jede totalitäre Ideologie und Gesellschaftsordnung wird an diesem Punkt auf Granit stoßen, wenn sie versuchen wollte, was nur Gott zusteht. „Unser ganzes Leben" werden niemals menschliche Programme umschließen, weil dies nur Gott allein kann – er aber als „Vater".

Dein Wille – für unser ganzes Leben: Werden wir uns das gefallen lassen? Werden wir uns dagegen auflehnen und protestieren? Werden wir hier unseren großen Konkurrenten sehen und versuchen, ihn möglichst abzuschütteln? „Nicht mein, sondern dein Wille geschehe", hat Jesus im Garten Gethsemane gebetet. Das war seine Hingabe. Das war aber auch das Vorbild und Beispiel, das er seinen Jüngern gegeben hat. Und das führt hinein in einen Kampf – ja, gegen wen? Martin Luther sagte: „Wir haben keinen größeren Feind als uns selber." Wenn das wahr ist, dann geht es also darum, von sich selbst, von seinem Ich, auch von seinem eigenen Willen und Wollen drei Schritte zurück zu treten. Hier geht es um „die Fähigkeit, von sich selbst abzusehen" (Leonardo Boff). Hier geht es um die Einsicht, dass wir Menschen sind und Gott Gott ist und darum allen Grund haben, von uns nicht groß zu denken. So weit wie Gott sieht, werden wir nie blicken. So weise wie Gott ist, werden wir nie sein. So mächtig, wie Gott wirken kann, werden wir niemals wirken. „Gott hat seine Herrschaft über die Welt nicht an uns abgetreten." Geht es nicht genau darum, dass wir unsere Begrenztheit und Beschränktheit eingestehen und darum unsere Hoffnung nicht auf uns, nicht auf Menschen, sondern auf ihn setzen? Dass wir uns also nicht so leicht für einen Vogel halten, der frei durch die Lüfte gleitet, sondern um unsere Flügellahmheit wissen, die immer wieder über uns kommt (oft genug dann, wenn wir uns sehr hoch gewagt haben).

Dein Wille geschehe – hier werden wir nun zwar nicht in einen Vogelkäfig gesperrt. Aber hier wird uns – sagen wir: der Ast gewiesen, auf dem wir flügellahmen Vögel uns niederlassen, ausruhen und neue Kraft schöpfen können. Kraft schöpfen wofür? Dass dann auch durch uns, so gut wir können, dieser Wille geschehe. Dass wir ihm nicht im Weg, im Licht stehen. Dass wir die Aufgaben, die uns anvertraut sind, in Angriff nehmen und unsere Verantwortung wahrnehmen. Und froh darüber sind, dass unser Leben so – in aller Begrenztheit und Beschränktheit – seinen Sinn, sein Ziel hat und erfüllt ist. Noch einmal Karl Barth: Nicht „wir Christenmenschen und Kirchenleute" müssen „das ausrichten, was doch nur Gott selbst vollbringen kann und was er ganz allein vollbringen will ... Dass wir inmitten der politischen und sozialen Unordnung der Welt seine Zeugen ... seien, ist alles, was von uns verlangt ist. Wir werden eben damit, das zu sein, alle Hände voll zu tun haben."

Unser tägliches Brot
gib uns heute

Von den sieben Bitten ist dies die mittlere. Bereits das erste Wort markiert eine Nahtstelle. War bislang alles mit dem „Du" Gottes verbunden (Name, Reich, Wille), geschieht nun der Wechsel zum „Wir" der Betenden. Das will beachtet sein. Nur: Welche Schlüsse sind daraus zu ziehen? Der südamerikanische Theologe Leonardo Boff spricht von „zwei sich kreuzende(n) Bewegungen". „Die eine steigt zum Himmel auf: der Vater, seine Heiligkeit, sein Reich und sein Wille. Die andere wendet sich der Erde zu: Brot, Vergebung, Versuchung, das Böse . . . Man kann auch sagen, wir hätten es hier mit den zwei Augen des Glaubens zu tun. Mit dem einen schauen wir auf Gott und betrachten sein Licht. Das andere wendet sich der Erde zu, und hier stoßen wir auf das Drama der Finsternis." Bei allem Respekt vor Boffs Bemühen, beides zusammen zu „sehen" und zu verstehen, „mit den zwei Augen des Glaubens": Es wären doch am Ende zwei *schielende* Augen, die nur einen unklaren Blick haben können. Sinnvoller erscheint mir das Bild von Jan M. Lochman, der von einer „Schwelle" spricht, aber sofort hinzufügt: „Man darf die Höhe dieser Schwelle nicht überschätzen. Sie ist die Schwelle in *einem* Strom, signalisiert keine unüberwindliche Grenze, keinen Bruch. Das Unservater wechselt nicht das Thema, wenn es zu seiner vierten Bitte gelangt. Um die Not des Menschen ging es im tiefsten Sinne auch in jeder Bitte des ersten Teils . . . Um die Ehre Gottes wird es auch in jeder Bitte des zweiten Teils gehen." Keine Bitte spricht nur von Gottes Sache, keine Bitte spricht nur von Menschensachen. Sieben Mal gehören Gott und Mensch zusammen.

74

Der Mensch hat einen Magen

So steht also das ganz einfache, ganz ordinäre Brot in der Mitte des Vater Unser: nicht die Cremeschnitte, nicht der Sonntagsbraten, auch nicht ein Festessen. In der Mitte steht also die ganz einfache Bitte, dass unser Magen nicht leer bleiben möge. Keine hochfliegenden Gedanken, keine tiefsinnigen Grübeleien. Der Mensch muss erst einmal satt werden; vieles andere muss davor weit, weit zurücktreten. Der Mensch hat einen Magen, der danach schreit und knurrt, gefüllt zu werden. Das weiß auch „unser Vater im Himmel", zu dem wir diese Bitte sprechen. Was unser Leib braucht, das ist ihm nicht eine Nebensache. Er ist nicht ein „Seelengott", sondern seine Sorge umschließt unser Leben ganz. Hier ist an die vielen Heilungen zu denken, von denen die Evangelien erzählen: „Blinde werden sehend, Lahme gehen, Aussätzige werden rein, und Taube hören, Tote werden auferweckt, Armen wird die frohe Botschaft gebracht." (Lukas 7,22). Hier ist daran zu erinnern, wie das Essen und Essenmüssen wie ein roter Faden durch die Bibel läuft. Dem am sechsten Schöpfungstag erscheinenden Menschen wird sofort gezeigt, wo er seine Speise finden kann. Dem befreiten Volk Israel, das sich in der Wüste nach den „Fleischtöpfen Ägyptens" zurücksehnt, wird an jedem Morgen das Manna, das Himmelsbrot gegeben. Jesus isst im Hause der Zöllner und Sünder, was ihm zu Vorwurf gemacht wird. Das Abendmahl Jesu mit seinen Jüngern deutet in den Zeichen von Brot und Kelch auf die Hingabe am Kreuz. Und „zu Tische sitzen im Reich Gottes" (Lukas 13,29) wird zum Inbegriff der Erwartung künftigen Heils. Auffallend ist, dass es – bei allem Ernstnehmen des Hungers – kaum einmal um eine blanke, einsame Kalorienaufnahme geht. Das Essen ist immer wieder verbunden mit Gemeinschaft, Gastfreundschaft, Zuwendung; es kann demonstrativen, zeichenhaften oder wunderbaren Charakter haben; es kann in einer freudigen oder sehr ernsten Atmosphäre geschehen. Und: Es werden beim Essen entscheidende Dinge gesagt, gehört, erkannt.

Auf Brot reimt sich Not, auf Brot reimt sich Tod. Wenn das Einfache zum Leben nicht da ist, dann ist das ganze Leben bedroht. Brot ist wie das Fundament eines großen, hohen Hauses. Nicht nur die verschiedenen Stockwerke ruhen auf diesem Fundament, sondern jeder einzelne Gegenstand in jedem einzelnen Raum in jedem einzelnen Stockwerk. Wo dieses Fundament nicht fest ist, kann kein Haus stehen. Das wird hier ernst genommen. Diese Menschlichkeit (und es ist ja mehr als das, es ist die Bedürftigkeit, die wir mit allen lebenden Geschöpfen gemeinsam haben) wird hier nicht nobel übergangen. Es wird auch nicht als „niedriges" Bedürfnis verdrängt von „edlen". An der Spitze vom „Wir" steht hier die nackte Tatsache, das der Mensch ein „Hungerwesen" ist (Gerhard Ebeling). Oder um es – ungehobelt, aber wahr – mit Bert Brecht zu sagen: „Erst kommt das Fressen, dann die Moral."

Satt werden – ein Randproblem?

Eigentlich weiß das ja jeder Mensch – jedenfalls wenn er es nicht vergessen hat. Wem der Magen knurrt, wird es wohl kaum vergessen *können*. In der Gefahr zu vergessen, wie kostbar das tägliche Brot ist, steht am meisten derjenige Mensch, der allezeit satt ist und der Hunger nur vom Hörensagen kennt.

Unser tägliches Brot gib uns heute. Was wird das für ein Unterschied sein, ob diese Bitte ein Mensch spricht, dem das Brot heute und morgen ungewiss ist, oder ob sie einer spricht, der sich regelmäßig an gedeckten Tischen niederlässt und auch ziemlich sicher morgen wieder einen gedeckten Tisch erwarten kann? Was wird das für ein Unterschied sein, ob ein Mensch dies im Überfluss betet oder im Mangel? Und das ist wohl nun keine Frage, auf welcher Seite *wir* stehen. Es geht jetzt gar nicht darum, uns das madig zu machen oder ein schlechtes Gewissen zu wecken oder uns die Freude am Essen zu verderben. Aber wenn wir Gott diese Bitte vorlegen, dann gehört es doch wohl dazu, sich selbst zu fragen: Wer bin ich, wenn ich das bitte? Wie lebe ich? Wie steht es mit meinem Brot? Was habe ich – in aller Nüchternheit und

Ehrlichkeit? Und was habe ich nicht – in aller Nüchternheit und Ehrlichkeit?

Brot ist konkret, irdisch, greifbar, handfest. Einige handfeste Dinge also. Im Frühjahr 2002 hat die UNO-Organisation für Ernährung und Landwirtschaft zu einer Konferenz über den Welthunger eingeladen. Im Rahmen dieser Konferenz wurden folgende Zahlen genannt: 800 Millionen Menschen leiden unter Hunger oder Unterernährung, 24 000 Menschen sterben täglich den Hungertod. Die Konferenz hat das Ziel gesteckt, diese Zahlen bis zum Jahr 2015 zu halbieren. Die Chancen stehen schlecht, denn der Welthunger stellt für die Industrienationen ein nur zweitrangiges Problem dar; Priorität haben andere Dinge. Was bedeutet das? – Im Juli 2002 ging durch die Zeitungen der Bericht über eine Umfrage in der Schweizer Bevölkerung. Gefragt wurde, was zum Glücklichsein unabdingbar dazu gehöre. Ganz oben an der Spitze der Antworten stand die Gesundheit mit 90 Prozent. Ob auch das Sattsein zum Glück gehöre, war nicht einmal die Frage wert gewesen; es kam in der Umfrage gar nicht vor. Was bedeutet das? – Es ist eine alte Tradition, dass auf Münzen etwas geprägt wird, das für das betreffende Land charakteristisch ist, bedeutsam oder sogar grundlegend. So ist in der Schweiz auf der Fünf-Franken-Münze Wilhelm Tell zu sehen, auf dem Zweifränkler bis hinunter zum Fünfzigräppler die Helvetia mit Speer und Schild. Ans tägliche Brot erinnern erst die Ein- und Zweirappenmünzen mit einer Getreideähre, die quer über die Zahl gelegt ist. Auf denjenigen Münzen also ist sie zu sehen, die – weil in der Schweiz alle Preise auf Fünfrappenbeträge gerundet sind – kaum noch im Umlauf sind, kaum noch als Zahlungsmittel gebraucht werden. Was bedeutet das? – In der Werbung spiegeln sich die Lebensverhältnisse und Begehrlichkeiten unserer Gesellschaft wider. Auf Träume und Sehnsüchte wird angespielt, Dinge des Alltags erscheinen im Glanz der Wünschbarkeit. Alle deutschsprachigen Fernsehsender haben ihre regelmäßigen Werbeblocks. Geworben wird für Wurst, Konfitüre und Honig – also für Dinge, die *auf das Brot* kommen. Für Brot selbst findet keine Fernsehwerbung statt. Es scheint als „Grundlage" so selbstverständlich zu sein, dass es keine Sendeminute wert ist. Was bedeutet das?

Ist es nicht so, ist es nicht ganz einfach wahr, dass die Sorge ums tägliche Brot in unserem Teil der Welt offenbar ganz unten in unseren Sorgen rangiert? So möchte es jedenfalls den Anschein haben. Vieles deutet darauf hin. Was heißt das nun, wenn wir trotzdem sagen, weiterhin sagen: *Unser tägliches Brot gib uns heute?* Wie können wir das mit Verstand beten, wenn unsere Tische gedeckt sind?

Auch die „gute Regierung" ist ein „Lebens-Mittel"

Hier ist der Ort, sich bewusst zu machen, dass es ja nicht um „Brot" im engsten Sinne des Wortes allein geht (zumal ja in weiten Teilen der Welt gar nicht Brot, sondern Reis das Hauptnahrungsmittel ist). Es geht um die „Lebens-Mittel" im weitesten Sinne, um die Gesamtheit aller Faktoren und Umstände, die dazu beitragen, dass der Mensch satt werden kann. Diese Gesamtheit nennt beispielsweise Martin Luther im „Kleinen Katechismus", wenn er auf die Frage: „Was heißt denn tägliches Brot?" antwortet: „Alles, was not tut für Leib und Leben, wie Essen, Trinken, Kleider, Schuh, Haus, Hof, Acker, Vieh, Geld, Gut, fromme Eheleute, fromme Kinder, fromme Gehilfen, fromme und treue Oberherren, gute Regierung, gut Wetter, Friede, Gesundheit, Zucht, Ehre, gute Freunde, getreue Nachbarn und desgleichen." An dieser am Schluss offenen und wohl noch durch vieles zu ergänzenden Aufzählung wird deutlich: Das tägliche Brot ist kein reines „Privatbrot"; es hat seinen Bezug zur Gemeinschaft mit anderen und zur Gesellschaft überhaupt. Es ist eingebettet in soziale Strukturen und wirtschaftliche wie auch politische Verhältnisse. Wo keine „gute Regierung" ist, wo nicht mit Gerechtigkeit, Schutz für die Schwachen und Umsicht in Zeiten von Wohlstand oder Krise regiert wird, da wirkt sich das immer bis hin zum Esstisch in jedem Haus aus. Arbeitslosigkeit, Inflation, Gesetze, die nur die Reichen schützen, und Krieg

sind Feinde des „täglichen Brotes". Davon wissen auch die
alten Kirchenlieder zu singen, und sind in ihrer Sorge um das
gesellschaftlich Elementare oftmals „realitätsnaher" als
manch beschwingte neue. So etwa Nikolaus Herman (1562):

> Bescher uns, Herr, das täglich Brot;
> vor Teurung und vor Hungersnot
> behüt uns durch dein' lieben Sohn,
> Gott Vater in dem höchsten Thron.

> O Herr, gib uns ein fruchtbar Jahr,
> den lieben Kornbau uns bewahr;
> vor Teurung, Hunger, Seuch und Streit
> behüt uns, Herr, zu dieser Zeit.

Brot ist also eingebettet in die menschliche Gemeinschaft.
Aber nun kann der Blick dabei kaum nur auf die „gute Regierung" gehen. Verantwortung trägt ja nicht nur sie, sondern auch derjenige, der das Brot am Ende isst. „Im Schwei-
ße deines Angesichtes sollst du dein Brot essen", wird dem
Menschen bei der Vertreibung aus dem Paradies gesagt (1.
Mose 3,19). Verantwortung „jenseits von Eden" heißt also:
Selbst nach Kräften und Möglichkeiten für das Brot, die „Lebens-Mittel", zu arbeiten – und zwar im vollen Sinne aller
Aspekte, die Luther im Brot sah. Auch die soziale, auch die
politische Verantwortung des Brotessers gehört dazu. Er hat
kein Recht zu warten, dass es ihm und anderen in den Schoß
fällt; und das gilt nun eben auch für die „Lebens-Umstände".
Zu ihnen gehört ohne Zweifel Frieden (auch bei Luther genannt), Gerechtigkeit und Bewahrung der Schöpfung. Um
Brot bitten und diese drei gering schätzen, ignorieren oder
sogar mit den Füßen treten, das würde sich widersprechen.

Gerechtes Brot essen

Bedenken wir besonders das mittlere: *Brot und Gerechtigkeit.* „Die Brotfrage ist eine soziale Frage" (Jan M. Lochman). Der Hunger in der Welt darf niemals ein Nebenthe-

ma im Weltgeschehen sein. Wo er das wird oder dazu gemacht wird, darf die christliche Kirche nicht schweigen. Würde sie schweigen, hätte sie es nicht nur versäumt, stellvertretend die Stimme für die zu erheben, die keine Stimme haben oder nicht gehört werden. Sie hätte sich auch entfernt von dem Boden, auf dem sie steht, dem Wort Gottes. Denn dieses Wort legt auf Schritt und Tritt den Finger auf die elementare Not des Nächsten (und des Fernsten, der mir naherückt dadurch, dass ich von ihm weiß). Das Augenmerk der Habenden wird – man muss sagen: unerbittlich, unausweichlich – gelenkt auf die Nichthabenden. „Wer sein Brot dem Hungrigen gibt, der ist gerecht" (Ezechiel 18,7.9). „Brich dem Hungrigen dein Brot!" (Jesaja 58,7). Und Johannes spricht zu denen, die sich durch ihn taufen lassen wollen, von den „Früchten, die der Buße (der Umkehr, dem Umdenken) gemäß sind". Als er gefragt wird, was denn nun konkret zu tun, zu ändern sei, ist seine Antwort: „Wer zwei Röcke hat, gebe (einen) dem, der keinen hat; und wer Speise hat, tue ebenso!" (Lukas 3,8.11). Dem, der hat, kann offenbar unter keinen Umständen die Frage erspart oder vorenthalten werden, wie er sein Brot angesichts der Nichthabenden essen will. Sie werden ihm – ob es ihm gefällt oder nicht – mit an den Tisch gesetzt. Sie selbst müssen nichts sagen; es ist genug, dass Gott für sie spricht: „Brich dem Hungrigen dein Brot!".

Aber nun werden wir den Horizont noch weiter spannen müssen. Im Unser Vater werden die Begriffe „Brot" und „Schuld" in der vierten und fünften Bitte nahe aneinander gerückt. Beides berührt sich hier gewissermaßen. Anders gesagt: Wo Brot gegessen wird, liegt auch das Schuldigwerden nicht fern. Dies nun in einem spezifischen Sinn: Das Sattwerden kann seine Schattenseite haben – dort nämlich, wo es auf Kosten eines anderen geschieht. Rechtes Brot darf kein ungerechtes Brot sein. Wo „Lebens-Mittel" nur durch Ausbeutung anderer Menschen, Vorenthaltung humaner Arbeitsverhältnisse und gerechter Löhne günstig gehalten, also auf Kosten und zu Lasten der Armen produziert werden, bekommen sie den bitteren Geschmack der Ungerechtigkeit. Diese Sorte Brot kann niemals ein gesegnetes Brot sein.

„Die Welt ist zum Dorf geworden", sagt man in unserer Zeit und meint damit, dass Informations-, Kommunikations- und Transportmöglichkeiten alle Teile der Welt einander haben näher rücken lassen. Nur: In einem Dorf kennt man sich gewöhnlich und kann kaum behaupten, man wisse voneinander nichts. So *kann* man heute wissen, dass ein Großteil von Armut und Verarmung im Dorf „Welt" seine Wurzel im rücksichtslosen Konsumieren der Reichen hat. Massenhafter Konsum ist nur möglich bei niedrigen Preisen. Niedrige Preise sind nur möglich bei niedrigen Löhnen. Niedrige Löhne sind nur möglich in Ländern der Armut. So lange es Länder der Armut gibt, wird auch massenhafter Konsum der Reichen möglich sein. Kann über diese Ungerechtigkeit hinweggebetet werden?

Evangelische Hilfswerke haben bewusst das Wort „Brot" in ihren Namen genommen: „Brot für die Welt" in Deutschland, „Brot für alle" in der Schweiz. Es ist nun völlig klar, dass sie es nicht als ihre einzige Aufgabe ansehen können, schiffladungsweise Getreide oder Reis in Hungergebiete zu schicken. Dies ist der Sonderfall akuter Nothilfe. „Brot" heißt hier aber noch mehr: Schulbildung, medizinische Versorgung, landwirtschaftlicher Aufbau, Wasserversorgung, Know how in Selbstversorgung, Förderung besonders von Frauenprojekten, Alternativen zur Straßenprostitution, Hilfe zur Selbsthilfe usw. Daraus ergibt sich ganz zwangsläufig ein weiteres Aufgabenfeld: nämlich dem „Norden", dem „Westen" bewusst zu machen, wie Ungerechtigkeiten der Weltwirtschaft Armut nicht nur fördern, sondern auch neu schaffen und zementieren. Hier wird die kritische Frage nach den Strukturen gestellt, die das „gerechte Brot" immer wieder unmöglich machen. Und dieser Frage darf sich niemand entziehen, der bittet: *Unser tägliches Brot gib uns heute* und der satt geworden ist. Ein lateinamerikanisches Gebet fasst beides kurz und präzise zusammen: „O Gott, gib denen, die Hunger haben, Brot; und uns, die wir Brot haben, gib Hunger nach Gerechtigkeit."

Das Brot mit Danksagung empfangen

Entscheidend wird sein, wie wir unser tägliches Brot ansehen. Wenn wir Gott darum *bitten,* dann sehen wir es zunächst einmal als ein Geschenk und eine Gabe an, was da bei uns auf dem Tisch steht, als etwas das uns gewährt wird, das wir brauchen dürfen, das uns dienen soll fürs Leben, das uns erhalten und stärken soll. Ein Geschenk und eine Gabe – das heißt doch: Zuvorderst darf nicht stehen, dass das unser Eigentum ist, zuvorderst darf nicht stehen, dass wir dafür gearbeitet haben, schwer vielleicht sogar, sei es nun Hand- oder Kopfarbeit zum „Broterwerb". Dass es unser Eigentum ist, mit unserem Geld bezahlt, das wird dann, wenn wir so auf Gott blicken, zweitrangig – nicht unwichtig, aber zweitrangig. Zuvorderst steht dann, dass wir darin ein Stück Fürsorge Gottes erkennen für unser Leben, etwas von seiner Hand, die für uns da ist, dass wir also in der ganzen langen Kette von Menschenhänden, die hinter dem Brot stehen, Gottes Hand erkennen. So wie es Matthias Claudius in seinem Erntelied gedichtet hat:

> *Wir pflügen und wir streuen*
> *den Samen auf das Land.*
> *Doch Wachstum und Gedeihen*
> *steht in des Himmels Hand.*
> *Der tut mit leisem Wehen*
> *sich mild und heimlich auf.*
> *Und träuft, wenn wir heim gehen,*
> *Wuchs und Gedeihen drauf.*
>
> *Er sendet Tau und Regen*
> *und Sonn- und Mondenschein.*
> *Er wickelt seinen Segen*
> *gar zart und künstlich ein*
> *und bringt ihn dann behände*
> *in unser Feld und Brot.*
> *Es geht durch unsre Hände,*
> *kommt aber her von Gott.*

Es soll uns eine große Sorge sein, dass wir über all den Menschenhänden, auch unseren eigenen, Gottes Hände nicht vergessen. Sein Geschenk, seine Gabe ist nicht erst dann groß, wenn uns fühlbar der Hunger gestillt wird. Sie ist auch dann groß, wenn wir in Sicherheit leben. Hören wir dazu noch einmal aus den Katechismen der Reformation; sie sind nicht zuletzt darum so lehrreich, weil sie ganz kurz gefasst den Finger auf das Wesentliche legen. „Gott gibt das tägliche Brot auch ohne unsere Bitte allen bösen Menschen; aber wir bitten in diesem Gebet, dass er's uns erkennen lasse und wir mit Danksagung empfangen unser tägliches Brot." (Martin Luther, Kleiner Katechismus). Mit der vierten Bitte „beten wir: Versorge uns mit allem, was für Leib und Leben nötig ist. Lehre uns dadurch erkennen, dass du allein der Ursprung alles Guten bist und dass ohne deinen Segen unsere Sorgen und unsere Arbeit wie auch deine Gaben uns nichts nützen. Lass uns deshalb unser Vertrauen von allen Geschöpfen abwenden und es allein auf dich setzen." (Heidelberger Katechismus).

Und wenn wir das ernst nehmen, diese Hauptsache, dann könnte sich vieles andere wie von selbst ergeben. Wenn nicht unser Eigentum im Vordergrund steht, sondern Gottes Geschenk und Gabe, dann ist auch Platz für die Dankbarkeit. Im Judentum gehört jedesmal, wenn ein Mensch etwas zu sich nimmt, sei es essen oder trinken, ein Segensspruch dazu. Das ist eigentlich konsequent, stößt aber in unserer Zeit gelegentlich an seine Grenzen. Die Rabbiner sind sich z. B. nicht einig, ob auch ein Kaugummi unter diese Regelung fällt. Den nimmt man zwar zu sich, aber man schluckt ihn ja nicht. In der Christenheit sind wir da – sagen wir: großzügiger. Was dazu führen kann und wohl auch real dazu führt, dass wir die Dankbarkeit über unserem Essen und Trinken schlichtweg vergessen oder sie auf ein gelegentliches *Gefühl* der Dankbarkeit beschränken. Wenn wir aber regelmäßig darum bitten: *Unser tägliches Brot gib uns heute*, gehört dann nicht auch der genauso regelmäßige Dank dazu? Was das Danken betrifft, so hatten die Römer übrigens zwei Ausdrücke dafür: „Gratiam habere", wörtlich „Dank haben", nannten sie das Gefühl der Dankbarkeit, das ein

Mensch empfindet, die stille Freude über etwas Empfangenes; als „gratiam referre", wörtlich „Dank zurücktragen, rückerstatten", bezeichneten sie den sichtbaren, hörbaren Ausdruck der Dankbarkeit einem anderen Menschen gegenüber, eine tätige Dankbarkeit, ein Tun in der Freude darüber, was einem zuteil geworden ist. Wir könnten verkürzt sagen: das eine ist das Dankbar-Sein, das andere das Dankbar-Leben. Im biblischen Horizont liegt der Akzent deutlich beim zweiten.

Weiter: Wenn beim täglich Brot nicht unser Eigentum im Vordergrund steht, sondern Gottes Geschenk und Gabe, dann kann eins nicht so leicht geschehen: dass wir *geizig werden*. Geiz ist die Angst, selbst nicht genug zu bekommen, und in dieser Angst wird gehortet und sich an allem festgeklammert. Habsucht und Geiz werden in den biblischen Schriften immer in eine Reihe gestellt mit den schlimmsten Schädigungen des menschlichen Miteinanders. Sich „Bruder" nennen zu lassen und dabei ein Habsüchtiger zu sein, ist für Paulus ein unerträglicher Widerspruch (1. Korinther 5,11). Ja, Habsucht wird sogar als „Götzendienst" bezeichnet (Kolosser 3,5), weil sie das Habenwollen von Dingen höher stellt als das Vertrauen auf Gott.

Von Gottes Gaben zu leben aber, darin steckt ein großes Stück christlicher Freiheit. Wer gemerkt hat, wie wenig geizig Gott mit uns Menschen ist, wie Gott gibt, mehr als wir es verdient haben, wie er großzügig ist mit uns, der kann eigentlich kein geiziger Mensch werden, kein geiziger Mensch bleiben. Wie sollte das auch zusammenpassen? Ein Ausleger sagt: Wenn die nächste Bitte lautet „Vergib uns unsere Schuld wie auch wir vergeben unseren Schuldigern", dann wäre das Entsprechende stillschweigend eigentlich auch bei der Brotbitte zu ergänzen: „Unser tägliches Brot gib uns heute, wie auch wir denen geben, die uns darum bitten."

Was ist, wenn man das tägliche Brot hat?, hatten wir gefragt. Wie können wir mit Verstand darum bitten, wenn unsere Tische gedeckt sind? Doch wohl nur so, indem wir dabei nicht vergessen, nach rechts und links zu blicken, auf die vielen Tische derer, die nicht oder nur ganz armselig gedeckt sind, dass wir also bei „*unser* täglich Brot" wirklich an *un-*

seres denken und nicht nur an *meins*. Gott bitten hieße dann:
In Verantwortung zu leben, seinen eigenen beschenkten
Tisch benachbart zu sehen mit anderen Tischen und sich
auch um diese Tische sorgen. Man kann die Bibel von vorne
bis hinten lesen, man wird überall dies finden: Dass Brot nie
Privatbrot ist, sondern dass es in Verantwortung vor Gott
und in Verantwortung vor den Menschen gegessen sein will.
In dieser Verantwortung darf es aber mit Genuss, mit Freude
gegessen werden. Dann wäre es Essen ohne Vergessen.

> *Herr, gib uns unser täglich Brot.*
> *Hilf, alles Leben ist bedroht,*
> *weil unser satter Sinn vergisst,*
> *dass du des Brotes Geber bist.*
>
> *Du gibst uns unser täglich Brot.*
> *Lass uns bereit sein, in der Not*
> *zu teilen, was du uns gewährt.*
> *Dein ist die Erde, die uns nährt.*
>
> *Herr, du bist unser täglich Brot.*
> *Du teilst dich aus in deinem Tod.*
> *Wir loben dich und danken dir.*
> *Aus deiner Liebe leben wir.*

(E. Nievergelt, in: NSK 28, Nr.134,
© Theologischer Verlag Zürich)

Der Mensch lebt nicht vom Brot allein

Ich habe das irdische, greifbare, für den Magen bestimmte
Brot in den Vordergrund gestellt. Die vierte Bitte legt es so
nahe. In der Geschichte der Auslegung stand aber oft genug
anderes im Vordergrund: einerseits eine vergeistlichte, spiri-
tualisierte Auffassung vom Essen, Nahrung „für die Seele"
also, die höher steht als die Nahrung „für den Leib"; andererseits (damit oft verbunden) der Zusammenhang mit dem

geistlichen Essen in der Eucharistie, im Abendmahl in der Gemeinschaft mit Jesus Christus. Dies beides hat ohne Zweifel sein Recht, darf aber den Blick auf das leibliche Brot und die Bedürftigkeit des Menschen nicht schmälern oder verstellen.

Gleich nach der Taufe wird Jesus „vom Geist in die Wüste geführt", um dort vierzig Tage lang zu fasten. Diese Reihenfolge ist bedeutsam: Die Taufe führt nicht in eine paradiesische, allem Kampf enthobene Gotteskindschaft, sondern gerade umgekehrt: Sie führt in die Bewährung im Durcheinander der Welt. Vor allem in der Konfrontation mit dem „Versucher", mit dem „Diabolos" (wörtlich: Dazwischenwerfer, Dazwischentreter, Auseinanderbringer), wovon unser Wort „Teufel" abgeleitet ist. Der sagt: „Bist du Gottes Sohn, so gebiete, dass diese Steine Brot werden!" Und Jesus antwortet, in Anspielung an Worte des Alten Testamentes: „Nicht vom Brot allein wird der Mensch leben, sondern von jedem Wort, das aus dem Munde Gottes hervorgeht" (Matthäus 4,4). „Nicht vom Brot allein" – das heißt: Brot ja, aber nicht um jeden Preis, nicht als Alternative zu anderem, das der Mensch auch braucht. „Teufelsbrot" schlägt Jesus aus. Brot hat also seine Grenze. Essen ist nicht das ganze Leben. Kalorien sind kein Evangelium. Was der Mensch braucht, ist mehr. „Leben" kann nicht gleichgesetzt werden mit geregeltem Stoffwechsel und intaktem Kreislauf. Davon *allein* wird kein Mensch leben. Er braucht die Zuwendung, die Gemeinschaft mit anderen Menschen. Und er braucht die Zuwendung, die Gemeinschaft mit Gott.

Der biblische Ausdruck für diese Zuwendung und Gemeinschaft ist „Gnade". In der unterdessen längst vergangenen landwirtschaftlichen Arbeitswelt ass das Pferd, das Jahre lang schwer gearbeitet hatte, beim Bauern im Alter sein „Gnadenbrot". Es konnte sich dies nicht mehr durch Leistung verdienen; aber der Bauer wusste, was er ihm schuldig war. Er gab es ihm aus Treue zu seinem Gefährten und in der Gemeinschaft, die auch jetzt noch Gültigkeit hatte. Und es sah wohl so mancher Bauer in dem alten müden Pferd ein Stück von seiner eigenen Zukunft als Greis. So war das Gnadenbrot nicht nur Kalorienzufuhr; es war in ihm drin auch die Erinnerung an das Gewesene und die Erwartung des Kommenden, Weggemeinschaft in der Zeit und Fürsorge. Hat nicht alles Brot, das wir essen, etwas vom „Gnadenbrot" Gottes? Brot, das in der Gnade liegt. Gnade, die im Brot liegt. Es hat seinen guten Sinn, dass der Psalm 90, der von der Vergänglichkeit und Hinfälligkeit des Menschen spricht, von seiner „Rückkehr zum Staube", von seinem „Blühen", „Welken" und „Verdorren", vom Alter, das mit siebzig Jahren, „und wenn es hoch kommt, mit achtzig Jahren", auf „Mühsal und Beschwer" zurückblickt – es hat seinen guten Sinn, dass dieser Psalm am Ende von der Gnade Gottes spricht, die den sterblichen Menschen satt machen und so erfreuen kann: „Sättige uns ... mit deiner Gnade, dass wir frohlocken und uns freuen unser Leben lang!" (Psalm 90,14). Das wäre Gottes Gnadenbrot.

Gottes Wort wird in der Bibel in vielen Bildern beschrieben: als „Licht", als scharfes „Schwert", sogar als „Hammer", und dann auch als eine „Speise": „Dein Wort ward meine Speise." (Jeremia 15,16). Von dieser Speisung ausgeschlossen zu werden, ist göttliches Gericht: „Siehe, es kommen Tage, spricht Gott der Herr, da sende ich einen Hunger ins Land, nicht Hunger nach Brot und nicht Durst nach Wasser, sondern das Wort des Herrn zu hören. Da schwanken sie von Meer zu Meer und schweifen von Nord nach Ost, das Wort des Herrn zu suchen, und finden es nicht." (Amos 8,11–12). Und Jesus (im Johannes-Evangelium schlicht als „das Wort" bezeichnet) sagt von sich selbst: „Ich bin das Brot des Lebens." (Johannes 6,35). Damit wird das Wort Gottes als ein „Lebens-Mittel" beschrieben, das nicht durch den Magen, sondern durch das Ohr, durch das Herz, durch den Verstand geht. In seinem Wort sucht Gott den Menschen, spricht ihn an, spricht ihm zu, macht ihn zu seinem Gegenüber, lässt ihn seinen Willen wissen, ist in Gemeinschaft mit ihm, tröstet, mahnt, vergibt, richtet. Wer sein Wort ausschlägt, der schlägt Gott selbst aus. Irdisches Brot, Sattheit und Wohlergehen kann also niemals Gottes Zuwendung ersetzen.

Das Abendmahl erinnert zeichenhaft daran, dass all unser Essen hier provisorisch, vorläufig, Speisung auf der Wanderschaft, aber noch nicht am Ziel ist. „Sooft ihr dieses Brot esst und den Kelch trinkt, verkündigt ihr (damit) den Tod des Herrn, bis er kommt." (1. Korinther 11,26) – und mit uns das Mahl von Neuem hält in der Vollendung seines Reiches. Dann erst wird es diese Bitte „Unser tägliches Brot gib uns heute", wie alle anderen sechs, an ihrem Ziel sein.

Und vergib uns unsre Schuld, wie auch wir vergeben unsern Schuldigern

Überhören wir nicht das kleine Wort „und", das da am Anfang steht: „Und vergib ...". „Und" verbindet immer zwei Sachen miteinander. Hier ist es das tägliche Brot und die Vergebung unserer Schuld. Wir sagten es bereits bei der vorausgehenden Bitte: Diese beiden gehören zusammen. Wo gegessen wird, wo die Sorge ums Leben und Überleben da ist, da kann es auch die Angst geben, es könnte nicht genug sein. Da gibt es den scheelen Blick nach rechts und links, ob es wohl die andren besser haben als ich. Oder den wachsamen Blick, ob mir wohl jemand die Wurst vom Brot nehmen will. Wo gegessen wird, da kann es in Habgier, in Raffgier, in Geiz geschehen. Das tägliche Brot ist ein Handelsgut, ein Wirtschaftsfaktor. Wenn es auf dem Tisch liegt, steht eine lange Kette von Produzenten, Handwerkern, Geschäftstreibenden dahinter; der Kampf um Löhne und Preise steckt in ihm drin. Wenn wir konsumieren, sind wir immer beteiligt an wirtschaftlichen Verflechtungen, die weite, weite Kreise ziehen, im Zeitalter der Globalisierung auch weit über die eigenen Landesgrenzen hinaus. Wo das tägliche Brot, das tägliche Leben ist, da ist auch immer Anlass, schuldig zu werden. Keiner isst sein Brot allein, keiner lebt allein. Und weil das so ist, ist auch die Schuld nicht fern.

„Schuld" – es ist völlig richtig, wenn wir bei diesem Wort zuerst ans Geld denken. Das Matthäus-Evangelium braucht hier in der Tat den Begriff aus der Finanzwelt, aus dem Geldverkehr (Lukas dagegen benutzt den geistlichen Begriff „Sünde"). Schulden machen, Schulden haben, Schulden abzahlen, Schulden tilgen, ein Schuldner sein, einem etwas schuldig bleiben, hoch verschuldet sein – da geht es um die handfeste Realität des Geldes. Wobei das Geldschulden-Machen natürlich je nach Zeitepoche, je nach Lebensauffassung und Lebensumständen ganz verschieden angesehen wird. Die einen haben schlaflose Nächte, wenn die roten Zahlen da sind. Die anderen leben weiter wie gehabt, Minuszahlen werfen sie nicht aus der Bahn, wegen kleiner Engpässe muss einem kein graues Haar wachsen. Die dritten finden Schulden peinlich. Die vierten finden sie nötig, weil sie dann in der Steuererklärung besser dastehen. Der eine legt sich aufs Sterbebett – zufrieden darüber, dass er seinen Kindern keine Schulden hinterlässt. Der andere hält sich – wie vermutlich auch schon in anderer Hinsicht – an die Lebensmaxime: „Nach mir die Sintflut!" Der eine spart zuerst und kauft dann. Der andere kauft zuerst und stottert dann die Schuld ab. Schuld im Geldverkehr: Es geht um Noten und Bilanzen. Und der Fall ist klar, wann eine Schuld getilgt ist: Wenn das zurückgegeben ist, was von einem anderen erhalten wurde, und am Ende eine Null dasteht.

Keine „fromme Schizophrenie" von Geld und Geist

„Geld und Geist" – es ist wohl kein Zufall, dass Jesus in seinen Gleichnissen oft aufs Geldwesen zurückgreift. Eine Frau hat zehn Münzen, und verliert eine; sie lässt nicht locker, bis sie sie wieder gefunden hat. Die Arbeiter im Weinberg erhalten alle die gleiche Münze, auch diejenigen, die erst viel später mit der Arbeit begonnen haben. Ein reicher Geschäftsmann geht für längere Zeit auf Reisen und übergibt seinen Angestellten große Geldsummen mit dem Auftrag, damit in seinem Sinne Geschäfte zu machen und Gewinn zu erwirtschaften. Aber auch über Gleichnisse hinaus ist das Thema „Geld" präsent. Bei der Frage nach der Autorität des römischen Kaisers lässt Jesus sich eine Münze geben. Er setzt sich in die Häuser von Zöllnern, an deren Einnahmen der Wucher klebt. Er beobachtet die Leute, wie sie ihre großen und kleinen Münzen in den Opferstock des Tempels werfen. Wo es ums Geld geht, sind die Menschen offenbar zu allen Zeiten sehr hellhörig gewesen. Und was jemand sonst kaum versteht oder verstehen will, das wird ihm klar, wenn man's ihm beim Geld erklärt.

Den Zusammenhang von Geldschulden und dem, was einer den Menschen und Gott schuldig geblieben ist, hat man in der Frühzeit der Kirche besonders scharf gesehen. Gregor von Nyssa († nach 394), einer der großen christlichen Denker der damaligen Zeit, schrieb eine der frühesten Auslegungen zum Vater Unser („Fünf Homilien über das Vaterunser"). Diese Bitte hier verstand er u. a. im weiten Horizont der Geldschulden. Mit scharfen Worten wandte er sich gegen Mitchristen, die für ihren Geldverleih Wucherzinsen verlangten und so Not und soziales Unrecht verursachten. Die „fromme Schizophrenie" (Jan M. Lochman), die von Gott Vergebung der Schuld erbittet, aber die Geldschulden anderer hart und unerbittlich auflistet und dazu noch den Zins in die Höhe treibt, prangert Gregor an: „Du bittest, dass dein Schuldbrief ausgelöscht werde, während du die Schuldbriefe deiner Schuldner sorgfältig aufbewahrst? Du bittest um Schuldentilgung, und du bist dabei entschlossen, das Geld, das du ausgeliehen hast, noch durch Zins zu vermehren? Dein Schuldner sitzt im Gefängnis, du im Hause des Gebets. Jener jammert, dass er zahlen soll, du aber erachtest es für angemessen, dass deine Schuld dir geschenkt werde. Dein Gebet bleibt ungehört; denn das Wehgeschrei des von dir Bedrückten übertönt es."

„Die stillste Bitte" und die Kunst des Abrundens

„Vergib uns unsere Schuld" – Walter Lüthi hat sie „die stillste Bitte" im Vater Unser genannt. Still ist sie in der Tat. Sie macht wenig Lärm. Von Schuld ist zwar viel die Rede: eben in der Geldwirtschaft, im Gerichtswesen oder in Polizeiberichten. Vergebung aber ist in ihrem Wesen still. Es gibt keinen „Verein zur Förderung der Vergebung". Es gibt keine

„Vergebungspartei", auch in den staatlichen Verwaltungen, wo es doch wahrlich Amtsstellen zuhauf gibt, kein „Amt für Vergebungsfragen". Und wenn man so die Zeitungen liest, dann taucht das Wort kaum einmal auf. Genau so ist es wohl auch recht. Das Laute passt nicht zur Vergebung. Und doch ist sie eine unerhörte, eine gewaltige Kraft. So gewaltig, dass sie – ja zwar nicht die Welt aus den Angeln heben könnte, aber umgekehrt: Sie kann die Welt in ihre Angeln zurückbringen.

Aber was ist nun „Schuld"? Sagen wir es in einer ersten Annäherung so: Dass ich das, worauf ein anderer ein Anrecht hat, ihm nicht gebe. Verschiedene Gründe dafür sind möglich: Vielleicht weil ich es nicht geben *kann*, denn es übersteigt meine Möglichkeiten. Vielleicht habe ich dieses Anrecht aber auch schlicht vergessen oder ich *will* es vergessen, um mich zu drücken. Vielleicht nehme ich sein Anrecht auch auf die leichte Schulter. Mit Schuld lässt sich sehr verschieden umgehen, wie ja eben auch die Geldwirtschaft zeigt. Was tun wir mit dem, worauf ein *Mensch* ein Anrecht hätte? Genau das gleiche gilt für Gott: Was tun wir mit dem, worauf *Gott* ein Anrecht hätte?

Und da sind wir beim springenden Punkt: bei der *Anerkennung der Schuld*. Beim Geld ist das klar. Da gibt es Schuldscheine, Formulare, die unterschrieben werden müssen, Verträge, die rechtskräftig sind. Beim Geld muss alles bis auf den Cent stimmen. Aber wie ist das nun jenseits des Geldes? Was gibt es da für eine Großzügigkeit beim Schuldigwerden! Wie wird da gerne *abgerundet* – manchmal so weit herab, dass kaum noch etwas von einer Schuld übrig bleibt. Der andere soll sich „gefälligst nicht so anstellen", heißt es dann. Er soll nicht „aus einer Mücke einen Elefanten machen" (wobei der, der so redet, dann so manches Mal den Elefanten auf eine Mücke zurück zu stutzen versucht). Er soll „nicht so empfindlich sein". Er habe ja nun wahrlich auch „keine reine Weste", der andere. Und Moment, wart einen Augenblick: Ich muss dir da noch diesen Splitter aus dem Auge ziehen! Das Spiel gegenseitiger Schuldzuweisungen ist weit verbreitet. Meistens führt es dazu, dass alles in der Schwebe bleibt, oder sagen wir besser: am Boden. Denn wo Vorwurf gegen Vorwurf steht, ändert sich gewöhnlich nichts, jedenfalls nicht zum Guten. Schuld und Anerkennung von Schuld – was für Welten können dazwischen liegen! Was für neues Gift kann da verströmen, und was für neuer Schaden kann da entstehen.

Bei Gott ist es nicht anders. Anerkennung der Schuld, sich selber als Gottes Schuldner erkennen – offenbar ein schwerer und harter Weg. Vorher winken die leichteren Wege: „Die anderen sind ja auch nicht besser!" „Ich habe doch immer nur das Beste gewollt!" „Ich habe doch niemandem etwas zu Leid getan und immer anständig gelebt!" Oder, vielleicht die originellste Variante: „Ich habe doch immer meine Kirchensteuer bezahlt." Anerkennung der Schuld aber, sich selber als Gottes Schuldner erkennen, das würde heißen: Wissen, dass ich Gott vieles schuldig geblieben bin „in Gedanken, Worten und Werken". Und dies wissen, nicht weil mein Gefühl es mir sagt, sondern weil ich es aus seinem Wort heraus höre. Ich überhöre die Fragezeichen nicht, die Gott über mein Leben setzt; dort womöglich, wo ich selbst und mein Lebensgefühl nie Fragezeichen gesetzt hätte. Aber nun laufe ich nicht vor ihnen davon, weil ich weiß, dass der, der mich fragt, das Recht dazu hat. Und ich weiß, dass er mich fragt, um mein Leben wieder zurecht zu bringen.

Was sagen wir als Christen, wenn wir „Sünde" und „Schuld" sagen?

Was ist „Schuld"?, hatten wir gefragt. Gehen wir in der Annäherung an den Begriff einen Schritt weiter. „Sünde" und „Schuld" sind zwar theologisch nahe, aber nicht identische Begriffe. „Schuld" ist die Folge von „Sünde", „Schuld" ergibt sich aus „Sünde". Daran wird ersichtlich, dass wir uns hier nicht im allgemein-menschlichen Horizont des Schuldigwerdens bewegen, sondern von der biblischen Grundlage her denken. Mag man in biologischen („meine Gene"), psychologischen („meine Kindheit") oder soziologischen („meine Umwelt") Zusammenhängen von „Schuld" sprechen; der

Begriff der „Sünde" hat seinen Platz ausschließlich im menschlichen Gegenüber zu Gott. Wer theologisch „Schuld" verstehen will, muss bei der „Sünde" ansetzen.

Natürlich ist dies ein sehr belasteter Begriff. Dass in der Geschichte der Kirche von der Sünde offenbar lauter, häufiger und nachhaltiger die Rede war als von der Vergebung, hat großen Schaden angerichtet. Und in der Folge ist es wohl aus Angst vor Missverständnissen immer wieder geschehen, dass um das Wort lieber ein Bogen gemacht wurde. Damit wurde es zu einem guten Stück einem vulgären Verständnis preisgegeben: vom „Verkehrssünder" über das „sündhaft" teure Kleidungsstück und die „Kaloriensünde" bis hin zur rhetorischen Schlagerfrage: „Kann denn Liebe Sünde sein?!". Verstehen wir noch, was wir sagen, wenn wir das Wort „Sünde" in den Mund nehmen?

Die Jahrhunderte alte kirchliche Lehre hat unterschieden zwischen der „Erbsünde" und der „Tatsünde". Unter „Erbsünde" wird verstanden, dass es zum Menschsein des Menschen gehört (zunächst völlig unabhängig von seinem konkreten Lebenswandel), dass er aus der heilvollen Gemeinschaft mit Gott auszubrechen versucht und sein Leben auf sich selbst stellen will. Darin ist er wie „Adam" im Sündenfall (1. Mose 3); wobei es sich bei Adam nicht um ein einmaliges Ereignis in grauer Vorzeit handelt, sondern um einen Wesenszug des Menschen, der sich grundsätzlich in jedem wiederholt. Allerdings ist die Bezeichnung dafür als „Erbsünde" höchst unglücklich, weil ihr die Vorstellung zugrunde liegt, als ginge es hier um ein genetisches Weitergeben von Generation zu Generation. Würde man auf dieser Bahn konsequent weiterdenken, hätte der Mensch dann an seiner „Sünde" ja keine „Schuld"; sie wäre nur ein Schicksal, das ihn ereilt und für das er letztlich keine Verantwortung zu tragen hätte. Geeigneter wäre es, hier von der „Erzsünde" zu sprechen, der grundlegenden und für den Menschen charakteristischen Neigung, Gott den Rücken statt sein Angesicht zuzukehren und seine Zusammengehörigkeit mit ihm zu ignorieren. Dieser Bruch mit Gott hat Folgen für sein ganzes Leben in der Welt. Die Bibel erzählt dies, wie es drastischer kaum geht. Auf den Sündenfall Adams folgt sogleich die schlimmste Entfesselung menschlicher Eigenmächtigkeit: Mord und Totschlag, und dies sogar unter Brüdern, Kain und Abel (1. Mose 4). Das ist „Adams" Leben jenseits von Eden. – Dieser Brudermord ist das erste biblische Beispiel einer „Tatsünde". Sie ist der konkrete einzelne Widerspruch eines konkreten einzelnen Menschen gegen Gottes guten Willen und Gebot, geschehe er nun bewusst oder unbewusst. Sie ist der in einer konkreten Situation ausgeführte Versuch, von der Verantwortung vor Gott abzusehen und sich auf sich selbst zu stellen. Dabei nimmt sowohl seine Mitwelt als auch er selbst Schaden. „Jenseits von Eden" gibt es keine „heile Welt".

Wenn im christlichen Glauben und also auch hier im Vater Unser von „Schuld" die Rede ist, geschieht es auf diesem doppelten, oder sagen wir (weil beides ja nicht voneinander zu trennen, nur zu unterscheiden ist) lieber: auf diesem doppelbödigen Hintergrund der Sünde.

Sofort aber ist hinzuzufügen: Ein isoliertes, völlig für sich stehendes Thema ist dies nie. Es gibt kein verantwortliches christliches Reden von der Sünde ohne das Reden von Gottes Gnade für den Menschen. Es gibt keine Abwendung des Menschen ohne die Botschaft von der Zuwendung Gottes. Es gibt – wie Paulus es dann formuliert – keinen Blick auf „Adam", ohne sofort und gleichzeitig auch auf „Christus" zu blicken (Römer 5). Gottes Wort breitet vor dem Menschen nicht die Sünden aus, sondern die Bereitschaft Gottes, sich mit dem Menschen trotz seiner Sünden zu versöhnen. Hier werden nicht zwei getrennte Kapitel im Buch des Lebens aufgeschlagen, sondern das eine große von Gottes Treue zu seinen Geschöpfen.

Dies ist vermutlich der Punkt, an dem in der Geschichte das christliche Reden von der Sünde in eine Schieflage geraten ist. Es ist viel, zu viel vom „Sünder" die Rede gewesen, so dass am Ende kaum noch Platz war für das befreiende Wort der Vergebung. Biblisch gesprochen: Die Betonung lag auf dem verlorenen Schaf und nicht auf der Freude des Hirten, dieses Schaf zu finden. Die Ablassprediger der Reformationszeit haben es hier mit ihrem Schüren der Angst vor dem Fegefeuer sicher zu einer zweifelhaften Meisterschaft gebracht. Aber auch so manche Bewegungen im Protestantismus sind hier zu nennen. Der frühe Pietismus verbuchte es als Erfolg in der Verkündigung, wenn sie möglichst nachhaltig Sündengefühle weckte. So manche Biografie eines ernsten Christen mündete statt in der Freude über die „Freiheit der Kinder Gottes" (Römer 8,21) in tiefer Depression. Der Schatten wurde wichtiger als die Sonne, die über dem Schatten steht. Hinzu kam oft genug eine moralisierende, ja moralistische Verengung des Sündenverständnisses: Der Sünder ist „der schlechte Mensch", was meinen sollte: schlechter als die anderen. Und Maßstab dafür waren dann die gesellschaftlichen Wertvorstellungen, die geltende Moral, die herrschende Lebensauffassung, die politischen Verhältnisse. Eine gehörige Portion von dem Genannten ist kaum nur Geschichte und Gewesenes, sondern erscheint auch in unseren Tagen. Kann man da erstaunt sein darüber, dass das Wort „Sünde" zu einem Un-Wort geworden ist?

Im Gebet Jesu taucht (jedenfalls in der Fassung nach Matthäus) dieses Wort zwar nicht auf. Aber bei der „Schuld" steht es im Hintergrund. Wichtig scheint mir, dass hier nicht von Schuld-„bewusstsein" oder Schuld-„gefühl" die Rede ist. Es geht offenbar nicht allein um das, was wir subjektiv als Schuld wahrnehmen und empfinden (das könnte ja immerhin, je nach Sensibilität dafür und Nachdenklichkeit, auch sehr wenig sein!), sondern auch um das, was uns objektiv über Bewusstsein und Gefühl hinaus vor Gott und den Menschen schuldig macht. Luthers berühmtes Wort, es sei die schlimmste Anfechtung, keine Anfechtung zu erfahren, lässt sich hier durchaus übertragen: Die größte Schuld wäre es, mit keiner Schuld zu rechnen – und sein „reines Gewissen" zum Maßstab zu machen. Hier wird ganz selbstverständlich, ohne Einschränkung, ohne Zugeständnisse davon ausgegangen, dass das Schuldigwerden zur Grundbefindlichkeit des Menschen vor Gott und in der Welt gehört. Wer diese Bitte spricht, erkennt diese Voraussetzung an und macht sie sich zu eigen. Er spricht als „Adam", er spricht als „Kain". Vor allem aber spricht er als Gottes Kind, das sich mit anderen, die ihm darin gleich sind, an „unseren Vater im Himmel" wendet.

Der springende Punkt:
Anerkennung von Schuld

Nun hat es allerdings in der Kirchengeschichte immer wieder (und schon in den ersten Jahrhunderten) Bewegungen gegeben, die „sich eine Vollkommenheit erträumten, die es nicht mehr notwendig macht, um Vergebung zu bitten" (Johannes Calvin). Als Begründung wurde entweder angeführt, erstens dass es Menschen gibt, die ein ganz und gar Gott wohlgefälliges Leben führen und alles, was sie sind, Gott hingegeben haben; nur noch für „die anderen" sei ein Bitten um Vergebung nötig; dass zweitens die Vergebung aller Sünden durch das Kreuz Jesu Christi geschehen und somit gültig sei und alles weitere Bitten darum überflüssig mache (Jesus habe seine Jünger das Unser Vater *vor* dem Karfreitag gelehrt). Die scharfe Ablehnung dieser beiden Auffassungen hat die Geschichte der Kirche immer begleitet. Zum ersten: Auch in der Treue des Glaubens kann niemals die menschliche Welthaftigkeit und Unzulänglichkeit überwunden werden; die Beteuerung, es trotzdem zu können, ist eines der sicheren Kennzeichen einer „Sekte", weil hier behauptet wird, die eigene Menschlichkeit abgestreift zu haben. „Im Fleisch sein" heißt in der Bibel immer: anfällig sein für die Sünde. Eine Immunität ist ausgeschlossen. Ja, es wird damit letztlich das Leiden und Sterben Jesu Christi um der Menschen willen geleugnet. „Wenn wir sagen, dass wir keine Sünde haben, führen wir uns selbst irre, und die Wahrheit ist nicht in uns. Wenn wir unsere Sünden bekennen, ist er treu und gerecht, so dass er uns die Sünden vergibt und uns von aller Ungerechtigkeit reinigt. Wenn wir sagen, dass wir nicht gesündigt haben, machen wir ihn (Gott) zum Lügner, und sein Wort ist nicht in uns." (1. Johannes 1,8–10). Zum zweiten: Der Kreuzestod Jesu Christi ist keine Maschine, die fortlaufend und automatisiert Vergebung ausspuckt. Gerade der Ernst, mit dem Gott hier seine Gnade für die Menschheit demonstriert hat, verlangt nach einer entsprechenden Haltung des Glaubens. Sie besteht nicht im sicheren „Haben", sondern im geschenkten „Sein". Sie weiß um die unverfügbare und freie Gnade Gottes, die nur dankbar empfangen werden kann; „einstecken" und „besitzen" kann sie keiner. „Jesus nimmt nur Sünder an!" (Calvin); wer vor ihm etwas anderes sein will, geht leer aus.

Genau an diesem Punkt erfolgte ja auch die Initialzündung der Reformation. Luthers Kampf gegen den Ablasshandel seiner Zeit nahm genau diese Vermessenheit ins Visier. Gottes Gnade kann der Mensch nicht „haben", auch die Kirche kann sie nicht – als wäre es ein ihr eigener Schatz – verwalten und austeilen. These 1 seiner 95 Thesen gegen den Ablasshandel vom 31. Oktober 1517 sagt: „Wenn unser Herr und Meister Jesus Christus sagt: ‚Tut Buße' usw., so will er, dass *das ganze Leben* seiner Gläubigen auf Erden eine *stete* Buße sein soll." Das heißt: Buße tun, umdenken, seine falschen Wege einsehen ist nicht mit einem einmaligen Akt (sei es nun der Kauf von Ablassbriefen, eine Bekehrung oder das Gewinnen einer persönlichen Vergebungsgewissheit) erledigt, sondern muss das ganze Christenleben begleiten. Durch nichts ist der Mensch davon zu dispensieren. Er ist nicht reiner „iustus" (vor Gott Gerechter) und nicht isoliert „peccator" (Sünder), er ist lebenslang beides gleichermaßen, er trägt beides miteinander verbunden durch sein Leben: dass er „simul iustus et peccator", zugleich Gerechter und Sünder ist. Genau darum hat er auch allen Grund, diese Bitte von Herzen auszusprechen: „Vergib die Schuld!"

In der Psychologie wird in unseren Breitengraden während der letzten Jahrzehnte eine auffällige Beobachtung gemacht. Nämlich eine wachsende Unfähigkeit, Schuld anzuerkennen (sie liegt auf einer Linie mit der vom Psychoanalytiker Alexander Mitscherlich in der Nachkriegszeit beobachteten „Unfähigkeit zu trauern"). Und das ist keine Kleinigkeit. Diese Unfähigkeit zieht in der Seele des Menschen wie auch in der Gesellschaft im Ganzen weite, weite Kreise, viele davon tief unter der Wasseroberfläche. Die Unfähigkeit, Schuld anzuerkennen, kann sich in dem unstillbaren Drang nach pausenlosem Vergnügen in all seinen Facetten äußern; die dunklen Seiten der Seele, des Lebens werden mit Spaß-non-stop eingenebelt und verdrängt in der Meinung, sie wären damit fort – was für eine Illusion. Die

Unfähigkeit, Schuld anzuerkennen, äußert sich aber auch in der zunehmenden Verweigerung, Verantwortung zu übernehmen. Zum Beispiel in Ämtern oder Behörden oder in der Erziehung. Wer Verantwortung trägt, könnte ja etwas falsch machen. Er könnte sich ja unbeliebt machen. Er könnte anecken. Er könnte auch direkt schuldig werden, wenn er an einem Punkt versagt. Die Folge ist: Lieber andere machen lassen! Lieber selbst keine Verantwortung übernehmen! Dann bleibt man – so die Illusion – auch von Schuld rein und hat zudem noch ein bequemeres Leben. Dann ist man nämlich in der vorteilhaften Position, über die Fehler und Dummheiten der anderen herziehen zu können. Unfähigkeit, Schuld anzuerkennen: Auch etwas Drittes muss hier wohl gesagt sein, und das betrifft unsere Kirche. Haben wir es uns nicht sehr einfach gemacht, als wir beständig, lang und breit von Gottes grenzenloser Liebe geredet, gepredigt haben? Haben wir nicht fleißig mit gebastelt an einem Wellness-Gott, dessen größter Wunsch es ist, dass uns allen wohlig wohl ist? Haben wir es nicht peinlich gefunden, wenn noch von den Zehn Geboten geredet wurde? Werden nicht unsere Gottesdienste zunehmend daran gemessen, welchen Unterhaltungswert sie haben – als ob Christsein und RTL 2 einschalten in die gleiche Schublade gehörte? Und was ist die Folge? Das ernste, nötige, lebenswichtige Thema Schuld haben wir zahllosen Sekten und Gemeinschaften überlassen, die sich nun *gut, unheimlich* gut bei diesem Thema auszukennen vorgeben; haben es Veranstaltern von Heilungs- und Selbstheilungskursen überlassen, die jede Depression an einem Wochenendmeeting wegzuzaubern versprechen.

Nicht minder schwer: Annehmen der Vergebung

Und Hand in Hand damit geht nun auch, Vergebung anzunehmen. Es denke nur niemand, das sei leicht, federleicht! Natürlich, es gibt billige Vergebung, die kaum etwas kostet und über die man sich schnell einig werden kann. Teuer wird sie erst dann, wenn sie etwas kostet. Teuer wird sie erst dann, wenn der, der vergibt, sie sich etwas kosten lässt. Und teuer wird sie erst dann, wenn der, dem vergeben wird, ihre Kosten kennt. Ein Gleichnis Jesu erzählt davon (Matthäus 18,21–35), wir haben es oben bereits kurz erwähnt. Es ist unheimlich dick aufgetragen. So dick, dass – man muss schon sagen: auch der Hinterletzte verstehen müsste, wie teuer, wie unerhört und wie gut Vergebung ist. Ein König erlässt seinem Knecht eine astronomisch hohe Summe von Schulden, zehntausend Talente Silber. Ein Talent Silber lag umgerechnet bei mindestens 10 000 Euro. Das ergibt eine Schuld von 100 Millionen Euro. Wenn das nicht dick aufgetragen ist! Eine irrsinnige Summe, aber dann auch eine irrsinnige Vergebung. Denn Schuldenerlass, das ist hier Vergebung. Der Knecht wird von seinem Geldgeber nicht bei seiner Vergangenheit behaftet; er darf neu anfangen, mit Null. Und mit Null anzufangen, ist in diesem Falle nicht deprimierend, sondern das Auftun einer neuen Zukunft. Es ist ein Gleichnis für Gottes – muss man nicht sagen: irrsinnige? – Großzügigkeit. Er weiß genau, haargenau, auf den Cent genau um unsere Schulden, lässt auch nicht locker, uns an sie zu erinnern. Aber eines will er, und wer daran appelliert, so erzählt das Gleichnis, der findet offene Ohren: Dass unsere Vergangenheit, das was war, das was nicht gut war, eine Grenze hat. Dass das Geschehene nicht endlos, schrankenlos der Klotz am Bein sein soll. Dass auf sein Wort hin eine Befreiung, ein Freispruch erfolgt von dem, was war, und so die Tür aufgeht zu einem neuen Anfang. Der Knecht anerkennt seine Schuld, aber nun anerkennt er auch die Gültigkeit der Vergebung. Er nimmt sie an. Er lässt sie gelten. Und er weiß: Der König hat das Recht zu dem, was er tut; er hat die Vollmacht dazu. Und niemand kann ihm das streitig machen, diesen Erlass, diese Vergebung.

Geben, Vergeben, Weitergeben

Aber nun kommt das andere. Das Gleichnis geht ja noch weiter, so wie es ja auch im Vater Unser noch weiter geht: „... wie auch wir vergeben unsern Schuldigern" (hier im Matthäus-Evangelium sogar noch viel deutlicher: „... wie auch wir vergeben *haben*", also noch bevor wir Gott um das Entsprechende für uns bitten!). Dies ist die einzige Bitte im Gebet Jesu, in der ausdrücklich von *unserem* Tun die Rede ist – eindeutig, ohne dass es da etwas herumzubiegen gäbe. Gottes Vergebung und unser Vergeben, das wird hier zusammen gerückt, das gehört zusammen. Christliches Leben ohne die eigene Bereitschaft zur Vergebung, das wäre wie ein betrunkener Blaukreuzler oder wie die Nordsee ohne Wasser oder wie das Matterhorn ohne Höhe. Der Knecht im Gleichnis jedoch versucht, all das zu sein. 100 Millionen waren ihm erlassen worden, aber er umgekehrt war nicht bereit, einem Mitknecht die lumpigen 100 Denare, 100 Euro an Schulden durchzustreichen. Es gab Zeugen bei diesem unerhörten Geschehen; andere Mitknechte wurden „sehr betrübt" über das, was sie da zu sehen und zu hören bekommen hatten und berichten dem König über das Zugetragene. Der König zitiert den Knecht zu sich: „Du böser Knecht! Deine ganze Schuld habe ich dir erlassen, weil du mich gebeten hast; hättest du dich da nicht auch erbarmen sollen über deinen Mitknecht, wie ich mich über dich erbarmt habe? Und sein Herr wurde zornig und überantwortete ihn den Peinigern, bis er alles bezahlt hätte, was er ihm schuldig war" – und genau das konnte ja niemals möglich sein bei den astronomisch hohen Schulden! Ein unter *allen* Umständen „lieber" und „netter" König scheint er also nicht zu sein. Wir können nicht Gottes Vergebung für uns selbst wollen und sie anderen vorenthalten. Diesen Stolperstein hat Jesus für uns in sein Gebet gelegt. Wir sollen nicht bis zum Amen kommen, ohne zuvor unser Leben durchzugehen: Wer ist mir etwas schuldig geblieben? Und was blieb ich ihm schuldig? Wer ist mein Schuldner? Wem bin ich Schuldner? Wo geht es darum, unter das, was war, einen Strich zu machen und somit Raum zu schaffen für einen neuen Anfang? Kann es sein, dass ich jetzt den ersten Schritt zu tun habe? Und wie könnte ich ihn tun?

Wir haben also im Unser Vater ein dreifaches Geben. Das erste ist das *Geben* des Brotes; wir bitten darum, es zu empfangen, weil wir es selbst nicht haben und unsere Hände leer sind. Aber der Mensch lebt nicht allein von dem, was ihm gegeben wird. Er braucht auch, dass etwas von ihm genommen wird, hier: die Schuld. Das ist das *Vergeben*; es ist (dem Ursinn des griechischen Wortes nach) ein Loslassen, Freilassen, Entlassen, Erlassen. Obwohl es seinem Charakter nach ein Fortnehmen ist, ist es doch eine Gabe, ein freies Geschenk. In der Logik Gottes resultiert daraus die Bereitschaft des *Weitergebens* der Vergebung von Mensch zu Mensch.

„Geld und Geist oder: Die Versöhnung" – so heißt der berühmte Roman von Jeremias Gotthelf. Erzählt wird die Geschichte einer Emmentaler Bauernfamilie, die durch Spekulanten um einen großen Geldbetrag gebracht wird. In der Folge schleicht sich das Gift des Unfriedens in den Alltag. Die Eltern, die sonst jeden Tag vor dem Einschlafen mit den gemeinsam gesprochenen Unser Vater beschließen, verstummen in ihrem Gebet. Dass sie in einer Atmosphäre gegenseitiger Vorwürfe und Verletzungen die fünfte Bitte nicht mehr über ihre Lippen bringen können, wird von Gotthelf zum Kulminationspunkt ihres Unfriedens ausgemalt. „Schweigend rüstete sie (die Ehefrau) sich zur Ruhe, schweigend suchte sie ihr Plätzlein. Da saß sie lange und wollte wieder beten wie ehedem, aber enger und enger ward es ihr um die Brust. Die Worte wollten den Durchgang nicht finden, und wenn auch die Lippen sich bewegten, zur Bewegung wollte der Laut nicht kommen." So blieb lange Zeit das Gebet aus. Als sie sich eines Abends ein Herz fasste, neben ihrem schweigenden Ehemann mit dem Unser Vater zu beginnen, da fuhr der im Bett hoch „als hätte der Klang der Feuerglocke sein Ohr getroffen, dann saß er auf, dann rangen sich auch Töne aus seiner Brust, er betete mit, und als Änneli die Bitte betete: ‚Vater, vergib mir meine Schulden, wie auch ich meinen Schuldnern vergeb' und nun das Weinen über sie kam und sie erschütterte über und über und ihre Stimme nur ein Schluchzen ward, da weinte er mit, und weinend betete er das Gebet zu Ende. Und es ward ihnen, als wenn das Gebet die Sonne wäre, und schwarzer Nebel hätte sie umlagert, dass eins das Gesicht des andern nicht mehr hätte sehen können. Nun aber kam die Sonne über den Nebel, und ihre Strahlen brachen, spalteten ihn, er zerriss ... und die Herzen lagen offen voreinander." Hier wird die fünfte Bitte also zum Prüfstein menschlicher Beziehung, zum Wendepunkt, an dem sich jeweils „Krieg und Frieden" entscheiden; hier wird die Gewährung oder die Verweigerung der Versöhnung offenbar. Mit dieser Schlüsselszene in seinem Roman hat Gotthelf, eingekleidet in eine menschlich-allzumenschliche Geschichte, beschrieben, wie tief geben, vergeben, weitergeben zusammenhängen.

Die Aufgabe der „betrübten Mitknechte"

Schließlich: Der dieses Gebet gelehrt hat, der hat ja nicht nur schöne *Worte* gemacht. Den Schuldigern vergeben, das ist ja seine Hauptsache gewesen. Wer aber an Jesus Christus glaubt, wer den Karfreitag feiert, wer den Abendmahlskelch nimmt („Trinkt alle daraus! Dieser Kelch ist der neue Bund in meinem Blut, das vergossen wird für euch zur Vergebung der Sünden!"), wer in seinem Kreuz das Zeichen sieht, dass er das getragen hat, was wir hätten tragen müssen, wer in seinem Leben und Leiden diese Hingabe für uns erkennt – wie kann der anders, als diese Hauptsache zu seiner Sache werden zu lassen? Aber: Er *kann* anders. Das christliche Leben strotzt gewöhnlich nicht von Vergebungsbereitschaft. Mühsam muss sich das Gnadenwort des „Königs" seinen Weg suchen ins Herz des „Knechtes"; dort sind große Widerstände. Es kann gelegentlich „Mitknechte" geben, die darüber „sehr betrübt" sind, und ihre Betrübnis (hier gehen wir über das Gleichnis hinaus) kann manchmal ein hartes Herz weich machen und zum Einlenken bewegen. Aber so wenig es eine christliche Immunität der Schuld gegenüber gibt, so wenig gibt es eine christliche Selbstverständlichkeit des Vergebens. Beides, Gottes Vergebung und (in seiner Logik) die nötige Vergebungsbereitschaft seiner Menschen, muss darum immer wieder angesprochen, ausgesprochen und zugesprochen werden.

Es gibt in der evangelischen Frömmigkeit eine immer noch starke Tradition, vor dem Gang zum Abendmahl nach seiner eigenen „Würdigkeit" zu fragen. Akuter Streit oder unversöhnte Auseinandersetzungen können dann einen ernsten Hinderungsgrund darstellen. Dass hier „betrübte Mitknechte" eine Aufgabe haben können, sei an einer kleinen Begebenheit illustriert, die sich in meiner Nähe ereignete (dass sie kein lupenreines „happy end" präsentiert, ist Absicht). In einem Bergdorf waren zwei Bauersfamilien. Mann und Frau der beiden Familien gehörten zu den treusten Gottesdienstteilnehmern der Gemeinde. Fehlten sie, fiel es darum auf. Besonders fiel nun auf, dass alle vier regelmäßig den Abendmahlsgottesdiensten fern blieben. Den Pfarrer nahm es wunder, was wohl der Grund dafür sei. Er fragte beide Seiten, und es stellte sich Folgendes heraus: Beide hatten oben in den Bergen einen benachbarten kleinen Stall, Wasser für das Vieh war dort knapp. Der eine hatte das Glück, dass oberhalb seines Stalls eine kleine Quelle austrat, deren Wasser gerade ausreichend war. Der andere musste das Wasser mühsam in Eimern von einer tiefer gelegenen Quelle zu seinem Vieh hinauftragen. In einem Frühjahr nun hatte es einen Erdrutsch gegeben. Die Folge war, dass der Austritt der oben gelegenen Quelle verschoben wurde nach unten auf das Gebiet des anderen Bauern. Der erste pochte nun auf „sein" Wasser, der zweite meinte, unter den veränderten Verhältnissen neuer Eigentümer der Quelle zu sein. Für eine Nutzung durch beide gab die Quelle nicht genügend her. Ein Streit entbrannte und führte dazu, dass sich die Angehörigen beider Familien, wenn sie sich begegneten, nicht mehr grüßten. Eine Einigung schien nicht möglich, die Sache blieb in der Schwebe – und sie selbst blieben von nun an alle dem Abendmahl fern. Der Pfarrer lud sie zu sich ein, um darüber zu sprechen. Das geschah auch, aber ohne Lösung. Erschwerend kam hinzu, dass die frommen Leute meinten, man dürfe als „gläubiger Christ" kein „weltliches Gericht" bemühen und dieses in der Angelegenheit Recht sprechen lassen. Immerhin gelang es dem Pfarrer, ihnen das Zugeständnis abzuringen, dass die andere Partei ohne schlechtes Gewissen zum Abendmahl gehen dürfe; und man willigte in die Beiziehung eines Schlichters ein. – Dass beide Seiten diesen Ernst beim Abendmahl hatten, ist nicht hoch genug zu achten. Sie wussten um das „Weitergeben" der Vergebung – kamen aber in ihrem Falle über das Wissen darum nicht hinaus. Darüber „sehr betrübte Mitknechte" könnten in Fällen wie diesen durchaus vermittelnd wirken. Sie können vielleicht das Gespräch wieder ermöglichen und festgefahrene Fronten wieder etwas weicher machen. Aber sie können nichts erzwingen. „Vergeben" wird wohl nur selten den Charakter von „vergessen" haben; aber ein anderer Weg steht offen: zu verarbeiten. Und das ist Arbeit. Hier kann die Mit-Arbeit anderer nötig sein; ihre Mit-Sorge kann heilsam sein, wenn sie nicht aufdringlich und besserwisserisch (*andere* zur Versöhnung aufzufordern ist immer leicht!) ist und mit der nötigen Weisheit geschieht. „Rein" und „sündenfrei" wird niemand zu Abendmahl gehen; auch bei den Jüngern am Gründonnerstag war niemand in diesem Zustand, schließlich saßen ja auch Petrus und Judas (!) mit am Tisch und hörten, wie Jesus sagte: „Nehmt, esst! Trinkt alle daraus!" – und sie aßen und tranken. Wer auf die eigene Reinheit und Sündenfreiheit wartet, wer sein gutes Gewissen zum Maßstab macht, *lässt* sich am Ende nicht an diesen Tisch rufen, sondern ruft sich *selbst*. Das Abendmahl soll aber die stetige Erinnerung daran sein, diese Arbeit der menschlichen Versöhnung nicht aufzugeben, nicht preiszugeben oder liegen zu lassen. Aber diese Erinnerung bringt ja nicht nur das Abendmahl, sondern jedes Gebet: *Vergib uns unsere Schuld, wie auch wir vergeben unsern Schuldigern!*

Es ist der *schwere* Weg; denn er ist kein blauäugiger Weg, gepflastert mit Illusionen und Selbsttäuschungen. Es ist der *teure* Weg, weil er etwas kostet – Jesus Christus hat ihn sich das Leben kosten lassen. Es ist der *anstrengende* Weg, denn er bedeutet den Kampf mit dem Drang zur Rache, zur Vergeltung, zum Heimzahlen, aber auch mit dem Drang zur Lauheit, zum Ausweichen, zur Resignation. Es ist aber wohl auch der *bittere* Weg, weil es dort, wo die Schuld auf dem Tisch ist, kaum einmal süß zugeht. Aber welchen Weg hätten wir sonst, wenn wir Jesus nachfolgen wollen? Nur so wird der Blaukreuzler nüchtern sein, die Nordsee ihre Sturmfluten haben und das Matterhorn das sein, was es ist und nun einmal sein muss: ein Berg mit einer Höhe von 4477 Metern.

Und führe uns nicht in Versuchung

„Hier denk ich an allerhand Exempel, wo Leute unter den und jenen Umständen vom Guten abgewichen und abgefallen sind, und dass es mir nicht besser gehen würde . . ., und dass der Mensch so leicht verführt werden und von der ebenen Bahn abkommen kann." (Matthias Claudius, An meinen Freund Andres).

Der labile Mensch, ohne Heldentum

Warum soll das nach der Lehre Jesu zu den sieben wichtigsten Dingen gehören, um die gebetet werden muss? Die Antwort ist eigentlich einfach, und gerade ihre Einfachheit ist bedrückend genug: Weil wir labile Menschen sind. Wer kann die Hand für sich ins Feuer legen? Warum bewundern wir insgeheim die Heldinnen und Helden, die uns in zahllosen uralten und neuen Geschichten, Romanen und Filmen vor Augen gemalt werden: heldenhaft in ihrer Standhaftigkeit, heldenhaft in ihrer Unbestechlichkeit, heldenhaft in ihrem eisernen Festhalten an dem, was die einmal bei sich beschlossen oder was sie einmal anderen versprochen haben? Wir bewundern sie, weil wir an uns selbst diese elende Schwäche verspüren. Wir sehen hinauf zu ihnen, und dann beschämt an uns selbst herunter. Was für eine wunderbare und angenehme Flucht, für einen Augenblick in die (Schein-) Welt des unversuchbaren Menschen einzutauchen! Auch der Glaubensheld, der unbeirrbar seinen Weg geht, ist der Stoff so mancher Träume. Dann klappen wir das Buch zu, dann stehen wir aus dem Kino- oder Fernsehsessel auf und sind wieder in *unserer* Welt, in der Welt des versuchbaren, des labilen Menschen. Und wer weiß, das kann dann wohl zu einem jener Augenblicke werden, in dem wir unsere eigene Kleinheit, unsere eigene Hässlichkeit empfinden.

Aber nun ist gerade diese Erkenntnis, wie versuchbar wir sind (so beschämend sie auch sein muss), doch nicht überraschend. Wenn Jesus seine Jünger diese Bitte lehrt, dann rechnet er schlicht und einfach mit ihrer Menschlichkeit. Helden hat er da jedenfalls *nicht* vor sich! Auch keine Glaubenshelden. Gerade als Jünger sind sie gefährdet. Das sollen sie wissen. Das sollen sie ernst nehmen. Keiner von ihnen dürfte von sich sagen: „Führe mich nur hinein in die Versuchung! Ich werde sie schon bestehen!" Es ist eigentlich umgekehrt: Es ist die Sorge da, die letzte Unsicherheit, was sein wird, wenn sie wirklich kommt, die Versuchung. Das illustriert die Passionsgeschichte auf erschreckend nüchterne Weise. Als Jesus beim letzten Abendmahl ankündigt: „Einer von euch wird mich verraten", da „fingen sie sehr betrübt einer nach dem andern an, zu ihm zu sagen: Doch nicht ich, Herr?" (Matthäus 26,21–22). Sie alle sind sich ihrer Sache also nicht sicher. Im Garten Gethsemane (Matthäus 26,36–45) fängt Jesus an, „bekümmert zu werden und heftig zu zagen". Er geht „ein wenig vorwärts", um zu beten, und lässt die ihn begleitenden drei Jünger zurück. Als er sie bei der Rückkehr schlafend findet, sagt er zu ihnen: „Wacht und betet, dass ihr nicht in Versuchung kommt! Der Geist ist zwar willig, das Fleisch aber ist schwach." Aber auch die folgenden beiden Male findet er seine Jünger wieder schlafend. Sie vermochten trotz ausdrücklicher Ermahnung weder zu wachen noch zu beten angesichts der Versuchung. Dann Petrus: Er, der wenige Stunden zuvor noch mutig bekannt hatte: „Auch wenn ich mit dir sterben müsste, werde ich dich nicht verleugnen!", lässt sich dazu hinreißen, „zu fluchen und zu schwören: Ich kenne diesen Menschen nicht!". Das Krähen des Hahns erinnert ihn, wie Jesus diese Verleugnung erwartet hatte. „Und er ging hinaus und weinte bitterlich" (Matthäus 26,35.74–75) – über sich selbst. Unsicheres Fragen, Verschlafenheit, Weinen: Von Glaubenshelden wird man hier kaum sprechen können. „. . . und dass es mir nicht besser gehen würde", meinte Matthias Claudius. Nicht zuletzt als Mahnung daran tragen viele Kirchtürme auf ihrer Spitze einen Hahn.

Es ist die Gefahr da, dass die Versuchung so stark, so übermächtig sein kann, dass sie fortreißt, was einem Menschen heilig war. Wie nahe diese Gefahr ist, das erzählt die Bibel gleich am Anfang, als der Mensch gerade einmal auf der Bildfläche erschienen ist. Eine kleine Stimme nur ist es, die dazu ermuntert, vom Baum der Erkenntnis zu essen; aber sie findet ohne lange Umschweife Gehör. Der Schritt weg von Gott, weg von Gottes Wort und Gebot ist schnell gemacht, er ist leicht gemacht. Und es finden sich immer gute Gründe, ganz wunderbar gute Gründe sogar, diesen Schritt zu tun. Dass wir in Gefahr sind, dass es eine reale Gefährdung ist, in der wir leben, das muss uns darum *gesagt* werden, so wie Jesus es hier tut. Und er spricht hier ja nicht von Dingen, die ihm unbekannt wären. Sofort nach seiner Taufe ist der „Versucher" auch bei ihm auf dem Plan gewesen; man möchte sagen: Gerade das Getauftsein und der damit verbundene „Dienstantritt" des Gottessohnes in der Welt macht ihn für den Teufel zu einem besonders attraktiven Objekt. Sofort ist er da, ganz nahe. Und es braucht einiges, dessen leise, werbende Stimme zum Verstummen zu bringen.

Versuchung, Prüfung, Anfechtung: menschliche Schwäche, Gottes Werk oder Teufels Beitrag?

Führe uns nicht in Versuchung – wörtlich übersetzt: Dränge uns nicht hinein, zwinge uns nicht hinein. Und da streiten sich nun die Gelehrten: Will Gott denn das überhaupt mit uns tun? Kann denn das überhaupt seine Absicht mit uns sein? Als starkes Argument dagegen wird der Finger auf den Jakobusbrief (1,13–14) gelegt: „Niemand sage, wenn er versucht wird: Ich werde von Gott versucht. Denn Gott ist unberührbar vom Bösen, er selbst aber versucht niemand. Vielmehr wird jeder versucht, indem er *von seiner eigenen Lust* gezogen und gelockt wird." Wenn Gott demnach also gar nicht versucht, sondern der Keim der Versuchung im Menschen selbst liegt, was soll dann diese Bitte: *Führe uns nicht in Versuchung*? Ist das nicht ein Widerspruch? Weniger kategorisch als bei Jakobus klingt es bei Paulus: „Gott ist getreu, der euch nicht über euer Vermögen wird versucht werden lassen, sondern mit der Versuchung auch den Ausgang schaffen wird, so dass ihr es ertragen könnt." (1. Korinther 10,13). Hier ist das Versuchtwerden eher eine Zulassung Gottes, die aber ihren Rahmen hat im „Erträglichen".

Bleiben wir zunächst bei der „eigenen Lust" stehen. Nun wäre es natürlich fein und sehr bequem, wenn wir alles, was uns hart ankommt, dem lieben Gott in die Schuhe schieben könnten. Es wäre unerhört praktisch, wenn wir bei jedem Zwiespalt, in dem wir uns sehen, bei jeder Schwachheit, die wir empfinden, bei jedem Unterlegensein, wo wir lahm gewesen sind statt gekämpft zu haben, unsere Faust zum Himmel strecken und ausrufen könnten: *„Du* bist schuld! Du hast das hier angerichtet. Du hast mich nicht bewahrt. Du hast mich hängen gelassen!" Aber so einfach ist es eben nicht, sagt der Jakobusbrief. Du bist es, du Mensch selbst bist es, der schwach geworden ist, nicht Gott. Was ist mit *deiner* Schuld? Was hast *du* angerichtet? Wen hast *du* hängen gelassen? Gott hat dich nicht veranlasst, dem Bösen Raum zu geben. Du selbst hast es getan. Mach also Gott nicht verantwortlich, wofür du selbst die Verantwortung zu tragen hast. Das Der-Versuchung-Erliegen kommt aus dir und nicht aus Gott.

Das ist die eine Seite. Aber damit ist noch nicht alles gesagt. Die andere Seite ist: *Führe uns nicht in Versuchung!* Auffällig ist doch: Hier bleibt etwas in der Schwebe. Hier wird nur gesagt: Sie ist da, die Versuchung. Aber woher sie kommt, bleibt offen. Sagen wir: Sie ist wie ein dunkles Haus, das in der Landschaft steht. Das Haus ist da, keine Frage. Aber wer darin sein Wesen oder Unwesen treibt, das zeigt sich erst, wenn man drin ist. Bin ich selbst es, ist es der „Versucher" oder ist es Gott? Gott kann hinführen oder vorbeiführen, er kann hineindrängen, sogar hineinzwängen – das alles ist möglich. Nicht zu vergessen: Es ist ein Haus *auf dem*

Weg, nicht das Ziel. Wir sind nicht daheim, wenn wir dort sind. Aber es hat sein Gewicht, was dort in diesem Haus mit uns wird, was wir dort tun, wir labilen Menschen.

Für die Menschen der Bibel hatte „Versuchung" den Charakter der „Prüfung". Wir können sie die hellere Seite der Versuchung nennen, denn sie stellt den Menschen in eine Situation der Bewährung. Ja, es kann sogar sein, dass eine Art Sehnsucht danach erwächst und gewissermaßen appelliert wird, Gott möchte doch Kenntnis nehmen von den lauteren Absichten und der Ernsthaftigkeit des Glaubens. So etwa am Ende des berühmten Psalmes 139: „Herr, du erforschest mich und kennst mich ... Erforsche mich, Gott, und erkenne mein Herz; *prüfe mich* und erkenne meine Gedanken. Sieh, ob ich auf dem Wege zur Pein bin, und leite mich auf ewigem Wege!" In ähnlichem Tonfall noch einmal der Jakobusbrief (1,2–3), der im Streit mit sich selbst, im Glaubenskampf eine heilsame Glaubensschule sieht: „Achtet es für lauter Freude, meine Brüder, wenn ihr in mancherlei Versuchungen geratet, und erkennt, dass die Erprobung eures Glaubens Geduld wirkt!" Bewährung und „Läuterung" wie in der Goldgewinnung ist auch das Leitmotiv im 1. Petrusbrief (1,6–7): „Und dann werdet ihr frohlocken, nachdem ihr jetzt, wenn es sein muss, unter mancherlei Versuchungen eine kleine Zeit betrübt worden seid, damit die Bewährung eures Glaubens köstlicher erfunden werde als Gold, das vergeht, aber durch Feuer bewährt wird." „Versuchung" sind hier also die Beschwernisse, die Anfechtungen und Kämpfe, von denen niemand verschont wird, der glaubt. Eher darf man umgekehrt sagen: Es wäre verdächtig, wenn alles „glatt und rund" gehen würde; denn es könnte ein Kennzeichen für Lauheit, geistliche Verflachung, Abstumpfung und Unsensibilität für den Ernst christlichen Lebens sein. Versuchungen in diesem Sinne sind also „nötig", weil sie zum Wesen eines wachen Glaubens gehören. Erinnern wir uns hier an den früher erwähnten paradoxen Satz Luthers: Die schlimmste Anfechtung sei, keine Anfechtung zu erfahren.

Warum sollte Gott nicht unseren Glauben auf die Probe stellen dürfen? Es kann in unserem Leben etwas eintreten, es kann in unserem Leben einen Einschnitt geben, es kann in unserem Leben etwas zerbrechen. Warum sollte uns das nicht schlicht und einfach vor die Frage stellen können: Wie wirst du nun leben – mit Gott oder ohne Gott? Wird das, was geschehen ist, dazu dienen, dein Leben zu überdenken, über die Bücher zu gehen und einen neuen Weg zu beschreiten, oder willst du das, was geschehen ist, versuchen zu ignorieren und mit zusammengebissenen Zähnen auf dem alten Weg weitergehen? Was ist dein Glaube jetzt wert? Hat er jetzt Bestand oder wird er dir in den Händen zerbröckeln? All diese Fragen haben doch ihr Recht, und sie haben auch ihre Zeit, wo sie ganz einfach sein müssen. Es ist eine Zeit der Versuchung, der Probe, vielleicht sogar der Feuerprobe. Nur eins darf hier wohl nicht geschehen und geschieht leider viel zu oft: Dass einem Menschen das nämlich von den anderen aufgeschwatzt wird: „Jetzt wirst du von Gott geprüft! Jetzt will er's von dir wissen!" So habe ich es einmal von Eltern gehört, als der Sohn mit seiner Ehefrau auf eine ganz schreckliche Weise verunglückt war. Der Sohn überlebte mit nur einem kleinen Kratzer, der Leichnam seiner Frau war kaum noch zu erkennen. Die frommen Eltern hatten sich schon lange darüber gesorgt, dass der Sohn so gar nichts an Glauben zeige. Und sie sahen nun wohl ihre Stunde gekommen, am Abend, als der Unfall gerade erst vor einigen Stunden geschehen war und ein gebrochener Sohn weinend am Stubentisch saß, von Gottes großer Prüfung zu reden, die ihn endlich zur Besinnung habe bringen wollen. Was aber von Gott kommt (wenn es denn überhaupt von ihm kommt!), kann man keinem Menschen aufschwatzen. Das zu erkennen muss in ihm selber reifen, und reifen tut kaum etwas in drei, vier Stunden. Keine Erkenntnis lässt sich erzwingen. Und vermutlich ist es die größere Versuchung, das Bedürfnis zu haben, einem Menschen die Versuchung regelrecht an den Hals zu wünschen.

Aber das ist ja nur die eine Seite, dass *Gott* uns Menschen in Augenblicke der Bewährung hineinstellen kann. Es ist aber nicht alle Prüfung *Gottes* Werk. Darum ist nun von einer dritten Seite zu reden. In der nächsten und letzten Bitte des Unser Vater sagen wir ja:... *sondern erlöse uns von dem Bösen.* Noch einmal solch ein Wort, das auffällig in der

Schwebe bleibt. Denn weder im Deutschen noch im griechischen Urtext ist erkenntlich, was gemeint ist: Ist es *das Böse* oder *der Böse.* Beides wäre möglich, beides hätte Sinn. *Der Böse:* In der Sprache der Bibel wäre klar, wer damit gemeint ist. Die Kraft, deren Lieblingsbeschäftigung es ist, uns von Gott fort zu reißen; die Kraft, die darum immer sofort auf dem Plan ist, wo Glaube ist – so wie bei Jesus nach der Taufe. Es ist „der Versucher", der „Diabolos", wie er im Griechischen heißt, woraus sich das deutsche Wort „Teufel" gebildet hat. Er „versucht" es, der Versucher, uns von Gott zu trennen, und darin ist er stark, darin sollte man ihn nicht unterschätzen. Darum hat man ihm in der Malerei des Mittelalters, die auch an diesem Punkt sehr plastisch war, ein möglichst hässliches, widerliches, unheimliches Gesicht gegeben. „Der alt böse Feind, mit Ernst er's jetzt meint; groß Macht und viel List sein grausam Rüstung ist", hat Martin Luther gedichtet. Er hat mit einer personhaften Realität des Teufels gerechnet (bis hin zum legendären Wurf mit dem Tintenfass nach ihm auf der Wartburg) und war darin noch ganz Kind des Mittelalters. Aber so leicht werden wir es uns nicht machen dürfen, dass wir fünfhundert Jahre später darüber nur milde lächeln und meinen, so mit ihm fertig werden zu können. Der Teufel ist zwar in der Bibel nie ein eigenständiges Thema; es steht niemals zur Diskussion, wer der Herr ist. Aber Vorsicht an diesem Punkt ist dennoch geboten, etwa auf der Linie, die Karl Barth 1947 (als man nach den Gräueln des Zweiten Weltkrieges auch unter Theologen oft davon sprach, man habe „den Dämonen ins Auge gesehen") so skizzierte: „Fern liegt mir der Gedanke, den Teufel zu predigen. Man kann ihn nicht predigen, und ich habe keineswegs die Absicht, Ihnen Angst zu machen. Aber es gibt doch eine Wirklichkeit, über die wir modernen Christen allzu leicht hinweggehen. Es existiert ein überlegener, unausweichlicher Feind, dem man nicht widerstehen kann, wenn Gott uns nicht zu Hilfe kommt. Ich liebe die Dämonologie, eine Lehre von den Dämonen, nicht, noch die Art, wie man sich heute in Deutschland und vielleicht auch anderswo damit beschäftigt. Stellen Sie mir keine Fragen über die Dämonen! Ich bin kein Kenner. Trotzdem muss man wissen, dass der Teufel existiert, aber dann muss man alsbald sich beeilen, sich von ihm zu entfernen."

Versuchung durch den Mitmenschen, von links und rechts

Im Menschen selbst liegende Versuchbarkeit, Prüfung durch Gott, Anfechtung durch den „Versucher" – wir haben nun noch etwas Viertes zu nennen: die Versuchung des Menschen durch den anderen. „. . . dass der Mensch so leicht verführt werden und von der ebenen Bahn abkommen kann", bekümmerte Matthias Claudius. Damit sind wir beim Stichwort „Verführung". Die Art, wie wir leben (unser Lebenswandel) und uns geben, was wir tun und lassen, bleibt nicht ohne Widerhall und Einfluss auf unsere Mitmenschen. Das gilt ohne Zweifel für gut *und* böse. „Hinreißend" kann ein Mensch auf beide Seiten hin wirken. „Hingerissen" kann ein Mensch nach beiden Seiten hin werden. Das geschieht jeweils auf dem weiten und letztlich wohl unergründlich tiefen Feld menschlicher Beziehungen und Abhängigkeiten. Ähnlich wie zuvor Barth, nur hier in anderer Hinsicht, wird zu sagen sein, dass es jetzt zwar nicht darum geht, „Angst zu machen" vor dem anderen Menschen. Aber zur Labilität und Versuchbarkeit unseres Wesens gehört nun wohl auch dies als Möglichkeit: Dass wir Menschen Vertrauen schenken, die es nicht verdienen; dass wir uns an Menschen hängen, die uns an einen Abgrund ziehen; dass wir uns in einem entscheidenden Augenblick für einen Menschen begeistern und dann durch ihn blind werden können; dass wir uns aus Sympathie, Liebe oder Streben nach Anerkennung überreden lassen, bei einer Sache mitzumachen, die uns zuvor noch völlig zuwider war; dass wir die Verehrung für einen Menschen so weit treiben, dass wir „alles" für ihn tun und für dieses „alles" Grenzen achtlos überschreiten. Ein Mensch kann den anderen versuchen. Um es ganz deutlich zu sagen: Ich selbst kann dem anderen dieser Mensch werden, der ihn in Versuchung führt, etwas zu tun, das vor Gott und für diesen Menschen nicht gut wäre. „Man muss Gott mehr gehorchen als den Menschen" (Apostelgeschichte 5,29), das gilt auch hier. Es bedeutet, dass es „blinden" Gehorsam, auch „blindes" Vertrauen unter Menschen nicht geben kann. Beides muss „sehend" bleiben, mit Blick auf sich selbst und mit Blick auf den anderen. Denn Verantwortung für sein Tun trägt jeder Mensch für sich selbst, er wird sie nicht delegieren können. Darum kann es auch nur die eigene Wachsamkeit geben, die dort, wo ein Mensch zum Bösen verführt, die Absicht durchschaut, sich verweigert und Nein sagt. Ein kritischer Geist, ein selbstkritischer Geist gehört ohne Zweifel zum Horizont dieser sechsten Bitte des Vater Unser.

Martin Luther hat es einen Wesenszug der Versuchung (er sprach lieber von „Anfechtung") durch den Bösen, durch das Böse genannt, dass sie von *links und von rechts* kommen kann. Er hat damit vorerst nicht die Mitmenschen, sondern die beschwerliche und die angenehme Seite gemeint. *Zur Linken* ist: Man kann in Armut stürzen, man kann krank werden, es kann in der Ehe aufreibend und schwer werden, es kann der Tod kommen und einen Menschen fortreißen, es können Pläne und Absichten zunichte gemacht werden; es kann im Geschäft abwärts gehen, abwärts und nur noch abwärts; es kann eine Zeit geben, wo alles, was man auch anfasst, nur daneben geht (Luther: „Das ist so die Art dieses Lebens!"). Das Schwere führt zur Verbitterung, das Leben wird zur Plage, und über den Glauben fährt so etwas wie eine dunkle Wolke, die Gott und seine Barmherzigkeit in die Ferne gerückt erscheinen lässt. – Dann die Versuchung *zur Rechten*: Es geht blendend, es geht am Schnürchen, alles gelingt. Keine Steine liegen im Weg, die Aktien steigen im Wert, keine Schmerzen, nichts plagt den Leib, man kann aus dem Vollen schöpfen und in Frieden leben. Alles ist da. Die Versuchung zur Rechten ist nicht kleiner als die zur Linken – dass wir uns darüber nur keine Illusionen machen! Dass wir von Gottes Gaben leben, können wir *so* oder *so* vergessen, im Überfluss *und* im Mangel, im Haben wie im Entbehren. Auf globaler Ebene ist ähnliches festzustellen: Der Kommunismus konnte eine Christenheit mit Erfolg lähmen, aber vermag der Kapitalismus auf der anderen Seite nicht so ziemlich das Gleiche?

Versuchung zur Linken und zur Rechten. Ihr standhalten kann nur, wer sein ganzes Leben auf sie gefasst ist und Gott um Hilfe bittet. Wehrlos sei der Mensch allerdings nicht, meinte Luther. Er könne zwar den Vögeln nicht wehren, über seinem Haupt ihre Kreise zu ziehen; „du kannst aber wohl verwehren, dass sie dir in den Haaren ein Nest machen." Oder anders gesagt: „Du kannst es nicht hindern, dass der gefährliche Hund bellt und lärmt und dir die Zähne zeigt, aber du brauchst nicht unbedingt in seine Nähe zu gehen, um ihn zu streicheln." (Werner Pfendsack).

Versuchung, die „in der Luft liegt", und der Teufel mit dem Rosenkranz

Damit sind wir bei einer weiteren Dimension der Versuchung, dem „schleichenden" Typ. Man könnte ihn die Atmosphäre nennen, in der man lebt als Einzelner oder als Gesellschaft, etwas das in der Luft liegt, ohne massiv greifbar zu sein. Man könnte ihn den Zeitgeist nennen, der hier und da und dort wirkt; jeder Ort, wo er sich zeigt (der Einfluss der Medien spielt hier eine entscheidende Rolle), mag für sich genommen winzig klein erscheinen – aber alles zusammen summiert sich zu einer starken Kraft. Er kann zur „Ideologie" werden, neben der nichts anderes mehr Bestand hat. Er kann sich verselbstständigen zur Propagandierung eines Lebensgefühls, das wichtige, kostbare Werte verdrängt (meist freilich nur auf Zeit). Was Zeitgeist ist, merkt man gewöhnlich besonders deutlich an wirtschaftlichen Stimmungen: „Depression", „Aufschwung", „Euphorie", „Krise", „sensible Reaktion"; es hat sich hier eine Ausdrucksweise eingebürgert, als sei die wirtschaftliche Verfassung ein kollektiver Seelenzustand. An der Euphorie wollten denn auch viele gerne Anteil nehmen. Haben nicht in den letzten Jahren viele, vielleicht sogar die meisten in unseren Breitengraden gemeint, es sei eigentlich ein Kinderspiel, in ganz kurzer Zeit ganz viel Geld zu machen? Haben nicht plötzlich ganz viele die Aktienkurse studiert, von denen die meisten noch ein paar Jahre zuvor kaum wussten, was Aktien überhaupt sind? Und dann der Absturz, der Jammer, der Verlust, die schmerzhafte Rückkehr auf den Teppich. Womit dann ein anderer kollektiver Seelenzustand erreicht wäre. Atmosphäre, Zeitgeist – sicher nichts an sich Böses. Wer wollte bestreiten, dass beispielsweise die Ende der siebziger Jahren entfachte ökologische Debatte ein höchst nötiges Element neuen Zeitgeistes gewesen sei? Aber wie oft liegt eben genau darin die „atmosphärische" Versuchung, den bequemen Weg mit der Masse zu gehen, mit den Wölfen zu heulen und seine bewährten Überzeugungen über Bord zu werfen als wären sie nichts. – Auch die Mode ist eine Form von Zeitgeist. Es kann Mode werden (ist es das nicht schon längst in Westeuropa?), über den antiquierten christlichen Glauben die Nase zu rümpfen und die christliche Kirche als eine Versammlung von lauter fadenscheinigen Gesellen und Heuchlern anzusehen, sich dann aber nach zwei Wochen Badeferien in Fernost plötzlich als Buddhist zu fühlen. Es kann Mode werden, sich den Gott, an den man glauben möchte, selbst zusammen zu basteln, aus allen Sachen, die einem irgendwie gefallen – von hier ein bisschen, von da ein bisschen. Atmosphäre, Zeitgeist, Mode – es kann die Versuchung darin stecken, es sich leicht zu machen, federleicht, und dann einfache Wahrheiten zu konsumieren, einfache Wahrheiten zu schlucken, sich mit einfachen Wahrheiten zu begnügen. Und er reibt sich die Hände, „der Böse". Er muss bei uns gar nicht wie ein „brüllender Löwe" umherlaufen, wie er in der Bibel einmal genannt wird (1. Petrus 5,8); er kommt auch ganz in der Stille ans Ziel.

Und schließlich, was vielleicht das schlimmste ist: die geistliche Versuchung. In der Geschichte von der Versuchung Jesu steht, wie auch der Teufel die Bibel zitieren kann; auch Jesus gegenüber hat er es getan. Auch „der Böse", auch „das Böse" kann sich fromm stellen und im Gewand des Heiligen erscheinen. In der Kirche meiner Gemeinde, in der ich Pfarrer bin, wurden vor 50 Jahren Wandmalereien aus der Mitte des 15. Jahrhunderts freigelegt. In der hintersten Ecke der Kirche (ein wohl vom Maler bewusst gewählter Ort!) ist in drei großen Bildern dargestellt, wie der Teufel

Jesus in der Wüste verführt. Nach spätgotisch-sarkastischer Manier ist der Versucher so dargestellt: mit einem Rosenkranz in der Hand, als ob er ins Gebet vertieft wäre. Die besondere Spitze dieser Darstellung: Zum Rosenkranzgebet gehört das Unser Vater; der Teufel selbst kann ohne mit der Wimper zu zucken und mit treuem Augenaufschlag beten: *Führe uns nicht in Versuchung!* Vielleicht sind wir hier am anfälligsten und am wehrlosesten, weil wir ihn so am schwersten erkennen und durchschauen. Der Teufel scheut das „Weihwasser" – trotz des geflügelten Wortes – eben *nicht*. Er kann sich Raum schaffen dort, wo man sich seiner sicher wähnt, wo niemand ihn erwartet. Auch vor dem Glauben macht er nicht halt. So kann es dann dazu kommen, dass aus der von Gott geschenkten Gewissheit des Glaubens Anmaßung wird, ein Sich-Wiegen-in-Sicherheit, ein frommer Hochmut, der auf andere herabschaut. So kann es dann auch dazu kommen, dass die Treue des Glaubens umschlägt in Rechthaberei, und die Dankbarkeit für Gottes Gaben in die Meinung, man könne diese Gaben besitzen und haben oder sich gar verdientermaßen aneignen. Auch die christliche Kirche – „Wacht und betet, dass ihr nicht in Versuchung kommt!"; die Jünger aber schliefen wieder ein – kann in dieser Hinsicht nicht kritisch genug mit sich *selbst* sein.

Versuchung und Hilfe im gleichen Atemzug

Führe uns nicht in Versuchung – was für ein weites Feld! Wir bitten so, weil wir labile, versuchbare Menschen sind. „Liegt nicht eine erste Hilfe schon allein in dem Umstand, dass wir diese Bitte überhaupt aussprechen dürfen? Versuchung ist eine Tatsache, die zu unserem Leben gehört. Wir brauchen nicht mehr zu erschrecken. Sie ist nicht ein Zeichen besonderer Verworfenheit, besonderer Schlechtigkeit, hoffnungsloser Verderbnis ... Bedeutet es nicht schon eine erste hilfreiche Klärung, zu wissen: Versuchung gehört zu den normalen Erfahrungen jedes glaubenden Menschen? Und die zweite Hilfe, die diese Bitte uns anbietet, liegt darin, dass uns hier ein Wort Jesu selber in den Mund gelegt wird." (Werner Pfendsack). Damit ist sie „wie eine Proklamation, wie ein aufgerichtetes Zeichen, das vor uns hingestellt wird". Wir sprechen aus, wir gestehen ein, dass sie da ist, die Versuchung. Aber wir sagen – der Ausdruck ist wörtlich zu nehmen – „im gleichen Atemzug", dass wir ihr nicht hilflos ausgeliefert sind. Wir bitten so, weil wir in unserer Schwachheit keinen anderen Helfer haben als *unseren Vater im Himmel*. Führ uns nicht dorthin, dränge uns nicht dort hinein! Du weißt ja, wie wir sind. Aber wenn es sein muss, dass wir das Haus der Versuchung betreten müssen, Herr, dann leite uns hindurch – hindurch, und wieder hinaus. Und lass uns dabei aufrecht gehen.

Im „Wir" stehen diese Zeilen oben, angelehnt an das „Uns" der sechsten Bitte. Es sei nochmals daran erinnert: Ab der Brotbitte spricht das Gebet Jesu im Ton der Gemeinschaft, im „Wir". Auch bei der Versuchung geht es also letztlich nicht um die einsamen Erfahrungen, das einsame Bedrohtsein des Einzelnen. Auch hier rückt die Gemeinde gewissermaßen zusammen und bekennt, dass jedes ihrer Glieder in der gleichen Lage ist. Es ist der gleiche Hahn, der über *allen* auf der Kirchturmspitze im Wind klappert. Grund genug also, an diesem Punkt solidarisch miteinander zu sein und nicht den Splitter im Auge des Nächsten zu suchen. Grund genug aber auch, nun nicht immer nur im Alleingang den Versuchungen widerstehen zu wollen. „Zur Rechten und zur Linken" sind ja nicht, wie Luther sagte, nur die Anfechtungen des Bösen in all ihren Schattierungen da. „Zur Rechten und zur Linken" sind auch die anderen Christenmenschen, die (warum sollten wir sie gerade in diesem Zusammenhang nicht so nennen?) „Schwestern und Brüder". Nicht jeder und jede, aber dieser oder jene kann ein heilsames und gutes Gegenüber sein, um über die eigenen Versuchungen zu sprechen. Dieser oder jene wird ein offenes Ohr haben für den Zwiespalt, der geklärt werden muss, für den verantwortbaren Weg, der sich noch nicht abgezeichnet hat, für die Entscheidung, die zu treffen ist. Ein offenes Ohr also, vor dem sich der versuchte Mensch nicht schämen muss. Es wäre ein Stück gegenseitiger Seelsorge, die zum Grundwesen der Gemeinde gehört, und zwar ausgeübt nicht durch die offiziellen Amtsträger allein. Hier haben *alle* ein „Amt".

„Ach lieber Herr Gott Vater, erhalte uns wach und frisch, eifrig und fleißig in deinem Wort und Dienst, dass wir nicht sicher, faul und träge werden, als hätten wir's nun alles; sonst überfällt und überrascht uns der grimmige Teufel und nimmt uns dein liebes Wort wieder weg, oder richtet Zwietracht und Spaltung unter uns an, oder führt uns anderswie in Sünde und Schande, auf geistlichem wie auf leiblichem Gebiete. Vielmehr gib uns durch deinen Geist Weisheit und Kraft, dass wir ihm ritterlich widerstehen und den Sieg behalten. Amen."

(Martin Luther, Eine einfältige Weise zu beten, für einen guten Freund, 1535, geschrieben für den Barbier Meister Peter, hier: das entfaltende Gebet zur 6.Bitte).

Sondern erlöse uns von dem Bösen

Wenn in der Mode gerade wieder einmal etwas Neues aufgetaucht ist und beginnt, den Markt zu erobern, dann nennt man das gelegentlich den „letzten Schrei". Der wird dann allerdings schon bald zum „vorletzten Schrei". Denn die Mode wechselt, und ein Schrei verdrängt den anderen.

Der letzte Schrei, Pfeifen auf dem letzten Loch

Der „letzte Schrei" des Vater Unser (so nennen ihn Leonardo Boff und Jan M. Lochman) dagegen ist durch alle Jahrhunderte der gleiche geblieben. Er hat sich nicht geändert, seit die Jünger ihn von Jesus gehört haben. *Erlöse uns von dem Bösen* – das kam aus dem Mund von Pestkranken im Mittelalter wie aus dem Mund derer, die bei den Bombenangriffen des Zweiten Weltkrieges Zuflucht in Luftschutzkellern suchten. Das sagten die verfolgten Christen am Anfang der Kirche, als sie den Löwen zum Fraß vorgeworfen wurden, wie der Mann im Gefängnisloch, der auf dem Gang die nahenden Schritte seiner Folterer hört. Das sagten die Hugenotten, die Protestanten Frankreichs, in ihren heimlichen Gottesdiensten, verborgen im Schutz der Wälder, wie die an einem strahlenden Sommermorgen in ihrer Dorfkirche versammelte Gemeinde. Das flüstert die Kranke im Krankenhausbett am Abend vor der großen Operation, das singt ein Kirchenchor mit getragener Melodie: *Erlöse uns von dem Bösen!*

Ja aber: Was gibt es denn da bloß zu schreien?! Was soll das Geschrei?! Es geht uns doch gut, und das Leben ist toll. Reden wir nicht von Essen, Trinken, Dach über dem Kopf, Arbeitsstelle. Das zu haben versteht sich ja von selbst. Reden wir weiterhin nicht von Schulbildung, medizinischer Versorgung und geregelten Lohnverhältnissen. Das ist ja wohl auch selbstverständlich. Halten wir uns nicht auf bei Fragen wie Recht, Gerechtigkeit, Freiheit und Schutz des Lebens. Was ich haben will, was ich brauche, kann ich mir kaufen. Geld ist ja da, obwohl es natürlich etwas mehr sein dürfte. Wenn mir hier alles auf den Wecker fällt, fliege ich auf die Malediven. Wenn ich müde bin, schalte ich ab – meistens indem ich den Fernseher oder den CD-Player anschalte. Ich habe Freizeit, obwohl es natürlich etwas mehr sein dürfte. Ich habe die Freiheit, das zu tun, was mir Spaß macht, und das zu lassen, was mich langweilt. Ich habe die Freiheit zu gehen, wohin ich will. Ich habe überhaupt viele Freiheiten. Und so weiter, und so weiter. Was gibt es denn da bloß zu schreien: *Erlöse uns von dem Bösen?!*

Vielleicht ist es nötig, einmal so dick aufzutragen, um zu verstehen, worum es hier geht. Von dem „Bösen" ist da die Rede – und wenn wir davon gar nichts empfinden? Von „Erlösung" ist da die Rede – und wenn wir unser Leben gar nicht als erlösungsbedürftig ansehen und alles eigentlich gut und gerne so bleiben dürfte, wie es ist?

Walter Lüthi hat das Unser Vater mit einer Blockflöte verglichen. Eine Blockflöte hat oben sieben Löcher. Wer die siebente Bitte des Unser Vaters spricht, der pfeift gewissermaßen „auf dem letzten Loch", meinte er. Und es sei der *tiefste* Ton, der dabei herauskomme. *Erlöse uns von dem Bösen* – in der Bitte steckt der tiefe Ton drin, der Grundton, der durch die ganze Welt klingt. Und man muss sich nun wirklich die Ohren ganz fest zuhalten, um diesen Ton zu überhören. Natürlich, man kann das, wenn man will. Man kann seine Ohren nur in die Richtung spitzen, wo die schwungvollen, die heiteren Melodien herkommen. Man kann sich von ihnen völlig einlullen lassen. Man kann es auf die leichte Schulter nehmen, dass es so viel Leiden gibt, dass es die Ungerechtigkeit von ganz reich und ganz arm gibt, dass es

Krankheiten gibt, gegen die kein Kraut gewachsen ist, dass es Länder gibt wie Kenia, wo die durchschnittliche Lebenserwartung nur gerade halb so hoch ist wie bei uns, vierzig statt achtzig. Man kann sich am Abend erfreuen daran, wie „die Welt so stille" ist, wie „aus den Wiesen steiget der weiße Nebel wunderbar", sich in diesem Frieden einen „ruhigen Schlaf" wünschen, aber den „kranken Nachbarn", den es ja auch gibt, ganz und gar vergessen. Man kann alles auf die leichte Schulter nehmen. Und wer alles hat, wem es angenehm gut geht, kann sich ja diese leichte Schulter leisten.

Erlöse uns von dem Bösen, „der letzte *Schrei".* Wer aber das sagt, kann keine leichte Schulter haben. Der muss etwas verspüren von dem Druck, dem Leidensdruck, der auf der Welt liegt. Und zwar nicht erst dann, wenn es um das eigene Leiden, das eigene Ego geht. *Erlöse uns* – nicht: Erlöse mich.

Christlicher Realitätssinn jenseits von Eden

Eine Bitte unter Leidensdruck. Und das heißt: Tiefer blicken in die Welt und nicht nur gerade ihre Oberfläche sehen. An der Oberfläche sieht ja nun vieles schön und gut und ganz im Lot aus. Meine erste Gemeinde war das, was man ein Bergdorf aus dem Bilderbuch nennen könnte. Sonnenverbrannte uralte Walserhäuser, verstreut an den Hängen. Im Sommer Kuhglockengeläute von allen Seiten. Im Hintergrund schroffe Kalkfelsen bis 3000 m hinauf, von der Abendsonne oft in glühendes Rot getaucht. Vor dieser Kulisse eine kleine Kirche mit nadelspitzem Turm. Das ideale Postkartenmotiv, eine wunderbare Oberfläche. So manche Touristen hörte ich sagen: Ja, hier oben ist noch eine heile Welt! Anfangs amüsierten mich Bemerkungen dieser Art noch, aber bald begannen sie mich zu ärgern. Wie kann jemand, der für zwei, drei, vier Stunden dort hinaufkommt, ein Urteil darüber abgeben, wie heil die Welt an dem Ort sein soll? Wenn er nämlich länger dort gewesen wäre, dann hätte er gewusst, dass sich während der letzten Jahrzehnte in keinem anderen Dorf weit und breit so viele das Leben genommen hatten. Und das soll eine „heile" Welt sein?

Bei der menschlichen Beurteilung dessen, was „gut" und was „böse" ist, ist Vorsicht geboten. Längst nicht alles, was kurzfristig „gut tut", längst nicht alles, was im Augenblick „nützt", auch längst nicht alles, was „einen guten Eindruck macht", *ist* auch gut. Letztes „Wissen, was gut und böse ist", ist nach der Geschichte vom Sündenfall (1. Mose 3,5) Gott vorbehalten; vom „Baum der Erkenntnis" zu essen, steht dem Menschen nicht zu. Und genau an dem Punkt beginnt der „Fall" des Menschen, indem er nach dieser Erkenntnis begehrt. Die biblische Geschichte kleidet hier in mytholologisches Gewand eine Grunderkenntnis des Glaubens: Dass der Mensch nämlich von Gut und Böse umgeben ist, aber jetzt erst, nach dem Sündenfall, das Böse zu einer Bedrohung für ihn wird. Da aber seine Erkenntnis, wo das Böse ihn denn nun bedroht, bruchstückhaft-menschlich bleibt, lebt er in einer fortwährenden Unsicherheit, in einer fortwährend nötigen Beurteilung dessen, was gut und was böse ist, in einem fortwährenden Kampf. Die „Sünde" (der klassische Begriff für die Trennung von Gott) versperrt ihm den klaren Blick; sie hat ihn auch seiner „Unschuld", seines Unbeteiligtseins am Bösen, beraubt. In einer „heilen Welt" kann er nicht mehr leben; sie ist ihm versperrt. Was er, sofern er mit offenen Augen sieht, um sich herum und in sich selbst vorfindet, sind tausend Risse und Sprünge, ist Heillosigkeit. Es geht dabei gar nicht darum, die Welt mit düsteren Farben zu zeichnen oder „das Gute" zu ignorieren. Es geht aber darum, zu erkennen, dass „das Böse" real in der Welt ist. Und zwar nicht nur in der subjektiven Gestalt, also dort, wo ein Mensch es zu verspüren meint, selbst unter ihm leidet und ihm einen Namen geben kann. Es ist „objektiv" da, unabhängig von unserer Fähigkeit, es wahrzunehmen. Die Bitte *Erlöse uns von dem Bösen* hat darum auch einen viel weiteren Horizont, eine größere Tiefe als nur unser eigenes Erkenntnisvermögen. Sie bezieht sich auf das geheimnisvolle, uns verborgene und doch einflussreiche Böse, um das Gott besser weiß als wir.

Tiefer blicken in die Welt und nicht nur gerade ihre Oberfläche sehen. Tiefer blicken in sich selbst, in einen anderen Menschen, in ein Dorf, in eine Stadt oder eben wirklich in die weite Welt. Hinter die Kulissen sehen und sich nicht blenden lassen von dem vielen Glitter und Glanz, der künstlich aufgetragen wird, und damit rechnen, dass dort, *auch* dort der Mensch zu finden ist, der leidet. Unter einer Last, die er im Verborgenen trägt, unter den Lebensumständen, in die er sich selbst hineinmanövriert hat oder in die er hineingestoßen wurde, wie er leidet unter anderen Menschen oder aber unter sich selbst. Ich möchte es den christlichen „Realitätssinn" nennen, der Welt, auch wo sie sich im rauschenden Glanz präsentiert, diesen Glanz nicht so ganz abzunehmen, sondern dahinter zu sehen und aufmerksam zu sein genau für das Dunkle, das hinter dem Hellen liegt.

Erlöse uns von dem Bösen. Es ist ja da. Die Welt ist ja eben nicht durch und durch gut. Gut ist sie gemacht von Gott. An jedem Tag der Schöpfungsgeschichte (1. Mose 1) heißt es: „Und Gott sah, dass es gut war." Aber es ist nicht gut *geblieben.* Aus dem Paradies sind wir vertrieben. Wir leben „jenseits von Eden" (1. Mose 3,23–24). Und dort ist vieles anders. Nun müssen wir mit anderem rechnen, mit Bösem.

Der Böse, das Böse und die Achse des Bösen

Schon etliche Male mussten wir beim Unser Vater sagen: Da ist ein Wort, das so sonderbar in der Schwebe bleibt: *Geheiligt werde dein Name* – wer soll ihn denn heiligen? *Dein Wille geschehe* – durch wen denn? Und hier haben wir nun eine weitere Zweideutigkeit; wir haben sie bei der vorhergehenden Bitte bereits angesprochen. Von wem sollen wir erlöst werden: Ist es *der* Böse (etwas Personhaftes also) oder *das* Böse (eine allgemeine Erscheinung also). *Der* Böse, das wäre in der Sprache der Bibel der Diabolos, der Teufel, der Menschenverwirrer. *Das* Böse, das wäre die Summe aller Dinge, aller Ereignisse, aller Kräfte, die gegen Gott und dann auch gegen uns wirken wollen. Beides kann hier gemeint sein, beides wäre denkbar. Weder der griechische Urtext noch unsere vertraute deutsche Fassung ist hier eindeutig. Entsprechend betonen die Ausleger in der Geschichte, und zwar von der Alten Kirche an, entweder mehr die eine oder mehr die andere Möglichkeit. Es muss also offen bleiben. Das aber heißt: Es muss mit beidem gerechnet werden. In jedem Falle ist eine Realität gemeint, die wir lieber nicht unterschätzen sollten.

Der Böse. Im Neuen Testament hat er verschiedene Bei- und Übernamen. Er tritt in der Wüste Jesus als der „Versucher" entgegen (Matthäus 4,3); er ist der „Satan" (Markus 1,13), „Beelzebul" (Matthäus 12,24), der „Diabolos"/Teufel (Matthäus 13,39), „der Fürst dieser Welt" (Johannes 12,31), ein „Menschenmörder" und „Lügner" (Johannes 8,44), der „Drache", die „alte Schlange" (Offenbarung 20,2) oder schlicht „der Feind" (Lukas 10,19). Hilflos ausgeliefert ist der Mensch ihm allerdings nicht. Über „alle Gewalt" von seiner Seite ist den Jüngern „Macht gegeben" (Lukas 10,19). Es ist eine Macht des Widerstandes, ähnlich derjenigen, die Jesus bei seiner eigenen Versuchung in der Wüste ausübte. Sie besteht darin, am Namen und am Wort Gottes festzuhalten und dadurch – wie wir früher von Martin Luther hörten – den über dem Haupte kreisenden Vögeln wenigstens dies zu verwehren: dass sie in den Haaren ihr Nest bauen. Die Verheißung Jesu an seine Jünger geht jedoch noch weiter; sie spricht vom endgültigen, endzeitlichen Fallen der „Vögel", vom Sieg über „den Bösen": „Ich sah den Satan wie einen Blitz vom Himmel fallen" (Lukas 10,18). Das, was der Sohn Gottes „sieht", steht noch aus; aber von dieser Zukunft her leben die Jünger. Der Teufel ist am Ende. Was aus ihm wird, steht schon fest und ist schon besiegelt. Darum muss ihn niemand fürchten.

Das Böse. Der amerikanische Präsident George W. Bush sprach im Jahre 2002 von der „Achse des Bösen", die die Länder Nordkorea, Iran und Irak darstellten. Dabei ist stillschweigend vorausgesetzt, dass es auch eine „Achse des Guten" gibt; die Frage, wer damit gemeint sein könnte, erübrigt sich. „Das Böse" erkennt der Mensch mit Vorliebe und mit

Scharfblick vor allem beim *anderen*. Und bisweilen erklärt er steif und fest, der andere habe nicht nur einen Splitter im Auge, sondern einen ganzen Balken. „Das Böse" beim anderen sei groß, gefährlich groß. Die Bibel ist an diesem Punkt radikaler. „Das Trachten des menschlichen Herzens ist böse von Jugend auf." (1. Mose 8,21). Hier gibt es nur *eine* Achse, und die verläuft durch die Herzen *aller* Menschen. Der Mensch ist in seinem Wesen anfällig für die Sünde – das ist seine Krankheit. Immunität gibt es hier nicht. Ganz auf dieser Linie liegt die Kritik Jesu an der rituellen Waschung der Hände vor der Mahlzeit im Judentum. „Das Böse" gelangt nicht von außen in den Menschen hinein, kann also auch nicht außen bekämpft werden: „Nicht was in den Mund hineinkommt, verunreinigt den Menschen ... Was aber aus dem Mund herauskommt, das kommt aus dem Herzen hervor, und das verunreinigt den Menschen. Denn *aus dem Herzen* kommen böse Gedanken, Mord, Ehebruch, Unzucht, Diebstahl, falsches Zeugnis, Lästerung." (Matthäus 15,11. 18–19). Damit liegt das Böse also nahe, sogar unheimlich nahe. Und damit ist auch der Schauplatz gegeben für den Kampf mit dem Bösen, gegen das Böse: Es ist das eigene „Herz", das eigene Ich. Dass wir uns „nicht nach Bösem gelüsten lassen" (1. Korinther 10,6), uns nicht „vom Bösen überwinden" lassen, sondern „das Böse durch das Gute" überwinden (Römer 13,21), „niemandem Böses mit Bösem" vergelten (Römer 12,17), „von jeder Art des Bösen uns fernhalten" (1. Thessalonicher 5,22), das wird nun zur großen Aufgabe des christlichen Lebens. Hier wird also mit der Realität des Bösen im Menschen illusionslos gerechnet; hier wird nun aber auch der Kampf aufgenommen, und zwar bei sich selbst. Hilfloses Opfer des Bösen ist der Mensch nicht; er wird es erst dann, wenn er die Realität des Bösen unterschätzt oder den Kampf dagegen auf die leichte Schulter nimmt. *Erlöse uns von dem Bösen* heißt also in diesem Horizont: Erlöse uns von uns selbst, erlöse uns von unseren eigenen Schatten. Dies aber kann nur bitten, wer auf Gottes Macht über das Böse zählt. Das Geheimnis dieser Macht ist seine Gnade. „Er lässt seine Sonne aufgehen über Böse und Gute und lässt regnen über Gerechte und Ungerechte" (Matthäus 5,45). Das Böse, das der Mensch tut, nimmt Gott nicht als Grenze seiner Zuwendung.

Das Böse. Wir haben hier aber noch weiter zu denken. Das Böse ist ja nicht nur ein „persönliches", ein individuelles Phänomen. Die Lokalisierung im einzelnen Menschen deckt nicht alle Phänomene ab. Das Böse besitzt „strukturellen Charakter". Vom Herzen des Menschen ausgehend kann es kollektiv, ein System, ein allgemeines Denkmuster werden, das ganze Gesellschaften, ganze Epochen prägt. „Die Sünden sterben nicht mit den Menschen", sagt der südamerikanische Befreiungstheologe Leonardo Boff, „sondern dauern fort in den Werken, die die Menschen überleben, in den Institutionen, Vorurteilen, den moralischen und juristischen Normen und in den kulturellen Gewohnheiten. Sehr vieles davon dauert fort als Laster, als rassische und moralische Diskriminierungen sowie Ungerechtigkeiten gegen Gruppen und Menschenklassen." Der Mensch wird in diese Verhältnisse hineingeboren und bekommt an ihnen Anteil. „Auf der einen Seite ist er also Opfer der Sünde der Welt (weil er in einer bestimmten Situation lebt), auf der anderen Seite trägt er aber auch durch seine persönlichen Sünden zur Fortsetzung der Sünde der Welt bei (er hilft mit, diese Situation zu erhalten und wieder herzustellen). So herrscht unter allen Menschen im Lauf der ganzen Geschichte eine schreckliche Solidarität im Bösen." Auf dieser Linie weitergedacht, wäre also in der Christenheit das von Nöten, was man ihr immer wieder zum Vorwurf gemacht hat, freilich nun in einem anderen Sinne: *Weltfremdheit.* Darunter verstehe ich eine kritische und aktive Distanznahme zu den Dingen, von denen behauptet wird, sie seien nun einmal so, sie seien schon immer so gewesen, sie seien nicht zu ändern. Weltfremdheit würde hier heißen: Das als „gegeben" Geltende nicht als gegeben hinzunehmen und sich mit dem Bösen auch in seiner traditionsreichen, etablierten Form nicht abzufinden. Die Bitte *Erlöse uns von dem Bösen* birgt in sich die reale Hoffnung, dass auch das strukturelle Böse keine Ewigkeit hat, dass es überwunden werden kann und muss. Und es birgt in sich die Erkenntnis, dass der Christ sich prinzipiell und niemals mit dem Bestehenden abfinden kann, wo Gott doch selbst sich nicht mit ihm abfindet. In diesem Horizont zu leben, ist eine große Befreiung, eine große Ermutigung angesichts so vieler bedrückender und schwermütig machender Weltverhältnisse.

Der Böse – *das* Böse: Am Ende hat Calvin wohl recht: „Ob wir nun unter dem ‚Bösen' den Teufel oder die Sünde verstehen, tut sehr wenig zu Sache. Denn der Satan ist zwar selbst der Feind, der uns nach dem Leben trachtet, aber er ist zu unserem Verderben mit der Sünde gerüstet. Unsere Bitte geht also dahin, dass wir von keinen Versuchungen besiegt oder überrannt werden möchten, sondern in der Kraft des Herrn gegen alle feindlichen Kräfte, die uns bestürmen, fest stehen ... Dabei müssen wir gründlich darauf achten, dass es nicht in unseren Kräften steht, mit dem Teufel, einem so mächtigen Kriegsmann, zu streiten und seine Gewalt und seinen Ansturm auszuhalten! Wenn das bei uns stünde, dann wäre es ja auch vergebens, ja, es wäre ein Spott, es von Gott zu erbitten. Wahrlich, wer sich im Vertrauen auf sich selber zu solchem Streite anschickt, der hat nicht genügsam begriffen, mit was für einem streitbaren, wohl gerüsteten Feinde er es zu tun hat!"

Erlösung: kein Wort nur für Todesanzeigen

Erlöse uns von dem Bösen. Wer auf diesem letzten Loch pfeift, der pfeift ja zu Gott hin. Wer diesen letzten Schrei tut, der schreit ihn ja zu Gott hin. Also in ein Ohr, das hört und aufmerksam ist. Also zu einem hin, der dem Bösen widerstehen und ihm Einhalt gebieten kann. Der Böse, das Böse ist keine frei schwebende, herrenlose Kraft, die schrankenlos herumfuhrwerken kann. Wir werden sie zwar nicht auf Knopfdruck zum Stillstand bringen, wir werden sie auch nicht wegbeten können. Aber das tun wir: Wir lassen uns vom Bösen nicht lähmen und gefangen nehmen und schauen auf zu Gott. Auf diesen Blickwechsel kommt es an. Es ist der

Blick der Hoffnung, dass Gott das tun kann, das tun wird, was uns losbindet, erlöst, frei macht, rettet.

In Todesanzeigen ist oft zu lesen, dass ein Mensch „von seinem Leiden erlöst wurde". Es ist wohl wahr: So kann es sein, dass ein Mensch im Tod Erlösung findet. Aber Erlösung ist kein Wort, das nur den Todesanzeigen vorbehalten wäre! *Erlöse uns von dem Bösen* – das gehört mit gleichem Recht, mit noch mehr Recht auf die „Lebensanzeigen": das Losgebunden-, Freigemacht-, Gerettetsein. Gott tut sein Werk an uns nicht erst im Sterben, er ist jetzt schon am Werk. Und wenn wir ihn bitten: *Erlöse uns von dem Bösen*, dann schauen wir auf seine Werkstatt, in der er arbeitet für uns.

Ein genauerer Blick auf den Wortlaut dieser Bitte kann hier übrigens erhellend sein. „Erlösen": Im griechischen Urtext steht hier das Wort „rhyomai", das meint zunächst „an sich ziehen", dann – kraft dieser Bewegung – „retten", „erretten", „herausreißen" und im weiteren Sinne „befreien". Es ist somit ein Wort, das ein energisches, entschiedenes Eingreifen in höchster Not meint. Bei dieser Bitte von einem letzten „Schrei" zu reden, ist also keineswegs übertrieben. Aber es ist damit auch der Schrei zu einem hin, der zu diesem Eingreifen in der Lage ist, der die Macht hat, „herauszureißen" wie einen Ertrinkenden aus dem Wasser oder einen in ein Loch Gestürzten aus der Tiefe. – „Von dem Bösen": Ganz wörtlich wäre zu übersetzen *„vor dem Bösen"*. Dies ist ein feiner Unterschied. „Von" heißt: Erlöse, reiße uns heraus dann, wenn der Böse/das Böse bereits über uns gekommen ist. „Vor" dagegen heißt: Erlöse, reiße uns heraus, wenn wir dem Bösen von Angesicht zu Angesicht gegenüberstehen und es gerade beginnen will, seine Macht über uns auszuüben. Erlöse uns rechtzeitig!

Erlauben wir uns hier einen kurzen Seitenblick auf ein anderes Wort der Bibel, das dem „rhyomai" sehr nahe steht und für das Wesen von „Erlösung" erhellend ist: „(apo)lyo" meint „lösen", „losmachen", „losbinden" und im weiteren Sinne „befreien", „erlösen". Das Wort beschreibt nicht die hektisch-dramatische Aktion eines Herausreißens in höchster Not, sondern hat eher ruhig-planmäßigen Charakter. In besonders anschaulichem Zusammenhang erscheint es in den Evangelien als Losbinden von Tieren, dort aber mit doppelbödigem Sinn. Das Lukas-Evangelium (13,10–17) erzählt, wie Jesus am Sabbat eine Frau heilt, die seit achtzehn Jahren am Rücken verkrümmt ist und „nicht imstande, sich ganz aufzurichten". Jesus sieht sie, ruft sie herbei und sagt zu ihr: „Frau, du bist von deiner Krankheit erlöst (apolyo)!" Als der Synagogenvorsteher gegen diese Heilung an einem Sabbat protestiert, antwortet Jesus ihm: „Bindet nicht jeder von euch am Sabbat seinen Ochsen oder seinen Esel von der Krippe los (lyo) und führt ihn zur Tränke? Diese aber, eine Tochter Abrahams, die der Satan, siehe, achtzehn Jahre lang gebunden hielt, musste sie am Sabbattag nicht von dieser Fessel befreit werden (lyo)?" Erlösung vom Bösen (hier ist *der* Böse der Urheber, der *das* Böse des Leidens verursacht) wird beschrieben als ein reales Losbinden und Hinführen des Dürstenden zum Wasser. *Der* Böse lässt die Menschen zwar nicht völlig leer ausgehen; immerhin gewährt er ihnen die „Krippe", den Futtertrog; aber wer lebt schon allein von dem, was im Futtertrog ist? Erlösung zielt hier ab auf das *ganze* Leben, auf das *Vollständige*, das es zum Leben braucht. Wobei bekanntlich zum Leben die „Tränke" wichtiger ist als die „Krippe". Erlösung ist, dass eine Fessel abgestreift und der Weg frei gemacht wird zum Leben. So „musste" es geschehen, die Befreiung des Menschen hat Priorität – so sehr, dass sie nicht verschoben werden kann auf morgen, auf den Tag nach dem Sabbat, wie ja auch der Durst des Tieres heute brennt und nicht erst morgen ernst genommen werden darf. „Und er legte ihr die Hände auf, und sie wurde sofort gerade und pries Gott." Das Losbinden, die Erlösung führt zum aufrechten Gang, und am Ende der Szene erscheint der aufgerichtete, der aufrechte Mensch, der sich dankbar Gott zuwendet.

In eine andere Richtung weist der Esel beim Einzug Jesu in Jerusalem (Lukas 11,1–11). Jesus gibt zwei Jüngern den Auftrag, in das nächste Dorf zu gehen: „Gleich, wenn ihr hineinkommt, werdet ihr ein Füllen angebunden finden, auf dem noch kein Mensch gesessen hat; bindet es los (lyo) und bringt es her!" Sie fanden das Tier „an einer Türe angebunden außen auf der Straße, und sie banden es los (lyo)", gegen den Protest einiger Passanten, und brachten es zu Jesus; auf diesem jungen Esel zieht Jesus dann in Jerusalem ein, umgeben von Menschen, die rufen: „Hosianna! Gepriesen sei, der da kommt im Namen des Herrn!" Die Losbindung des Tieres zielt hier darauf ab, dass es in den Dienst Jesu gestellt wird. Die Fessel wird gelöst, damit ein Auftrag wahrgenommen werden kann: Jesus zu tragen dorthin, wo er sein will. Damit meint diese Szene mehr als nur eine „tierische" Angelegenheit. Sie hebt nicht ab auf eine stumpfsinnige „Eselei", wo es ein Lebewesen nur so „mit sich machen" lässt. Der Esel wird „gebraucht", im guten, im besten Sinne des Wortes. Dabei hat es seine besondere Bedeutung, dass Jesus sich nicht ein Schlachtpferd oder ein Paradeross wählt, sondern den grauen, alltäglichen Esel. Der ist es, der ihn tragen soll. Der wird zum „Christophorus", zum Christusträger. Karl Barth nannte darum die Kirche einmal „das Volk mit dem Esel im Wappen". Es ist das Volk derer, die nicht nur um ihr Losgebundensein, sondern auch um ihre Berufung zum Dienst wissen. „Erlöse uns von dem Bösen", das wäre demnach, solange wir in der Welt leben, nicht nur die Sehnsucht nach persönlicher Freiheit *von* dem Bösen, sondern auch die Sehnsucht nach der Freiheit *für* den Dienst im Reich Gottes. So steht „lyo" neben „rhyomai", so veranschaulichen die Tiere, was dem Menschen gilt.

Erlöse uns von dem Bösen – wir haben oben gesagt, dass wir bei dieser Bitte auf Gottes Werkstatt schauen. Dass sie da ist, diese Werkstatt, dass in ihr gearbeitet wird, wie in ihr gearbeitet wird – zu nichts anderem, als uns das zu zeigen, ist ja Gottes Sohn unter den Menschen gewesen. Eigentlich will das ganze Evangelium nichts anderes, als dass es uns vor die Tür dieser Werkstatt führt: Sieh da hin, wie er etablierte Urteile ignoriert und im gescheiterten, sogar „bösen" Menschen wieder den *Menschen* sichtbar macht, wie er zu den Verachteten geht, wie er Kranke heilt, wie er dem Sturm gebietet: „Schweig, verstumme!", wie er dem Versucher in der Wüste standhält, wie er das Böse erleidet am Kreuz, aber doch nicht von ihm bezwungen wird, wie er stirbt und doch den Tod überwindet. Gottes Werkstatt – „Ich bin die Türe", sagt Jesus. Ja, eben *die* Türe, durch die wir in diese große

Werkstatt Gottes hineinschauen dürfen. Die Werkstatt zu unserer Befreiung. „Wenn jemand durch mich hineingeht, wird er gerettet werden." (Johannes 10,9).

Leben „zwischen den Zeiten"

Rettung, Erlösung, Befreiung. Der christliche Glaube hat hier zwei Fixpunkte, auf die er blickt – auch im Gebet: Von geschehener Erlösung her und auf verheißene Erlösung hin. Der eine Fixpunkt ist das Kreuz und die Auferstehung Jesu Christi. Gott „hat uns aus der Macht der Finsternis errettet und in das Reich des Sohnes seiner Liebe versetzt, in dem wir die Erlösung haben, (nämlich) die Vergebung der Sünden" (Kolosser 1,13–14). Der andere Fixpunkt ist „der Tag der Erlösung" (Epheser 4,30), das zukünftige Kommen des Reiches Gottes in seiner sichtbaren Gestalt: „Er wird bei ihnen wohnen, und sie werden sein Volk sein, und Gott selbst wird bei ihnen sein. Und er wird alle Tränen abwischen von ihren Augen, und der Tod wird nicht mehr sein, und kein Leid noch Geschrei noch Schmerz wird mehr sein; denn das Erste ist vergangen ... Siehe, ich mache alles neu!" (Offenbarung 21,3–5). So ist alle Jetztzeit „zwischen den Zeiten", so steht unsere Zeit mitten zwischen der Erinnerung an das Gültig-Geschehene und der Erwartung des Verheißenen.

Mit diesem zielstrebigen „letzten Schrei" zwischen den Zeiten schließen die Bitten des Unser Vaters.

Denn dein ist das Reich und die Kraft und die Herrlichkeit in Ewigkeit

Die letzten Worte des Unser Vaters haben wohl ursprünglich nicht zu diesem Gebet dazu gehört. Man vermutet, dass es sich erst im Verlauf des 2. Jahrhunderts einbürgerte, das Gebet Jesu so abzuschließen. Und so halten wir es bis heute: Auf sieben Bitten folgt der Abschluss mit einem Lob Gottes, mit einem Lob im „Dreiklang".

Der ewig reiche Gott

Es ist gut, dass das Vater Unser nicht mit einer Bitte schließt. Es hat ja recht, wer eisern daran festhält, dass Gott unser Bitten, Rufen, Anklopfen hört. Aber Beten ist nicht nur Bitten. Es wäre zumindest verdächtig, wenn all unsere Gebete sich darin erschöpfen würden zu sagen: Gib, hilf, mach, sorge dafür, verhindere, bewahre, stärke. Das ist gut gebetet, tapfer gebetet – aber wenn *das* Beten allein wäre, dann stünde es im Zwielicht des Nur-Haben-Wollens, im Zwielicht der eigenen Wünsche. Es könnte dann sein, dass die vielzitierten „leeren Hände", die wir Gott beim Beten entgegenstrecken, sehr habgierige, sehr raffgierige Hände sind. Hände also, die 1. immer sehr genau wissen, was gut für sie ist; die 2. dieses Gute immer haben wollen; die 3. erwarten, dass der liebe Gott ihre Ansichten über das, was gut ist, teilt, und die 4. danach Ausschau halten, wo und wann genau dieses Gute sich wohl nun einstellt.

Der sterbende Martin Luther hat kurz vor seinem letzten Atemzug auf ein Blatt die Worte gekritzelt: „Wir sind Bettler, das ist wahr." Aber nun wissen wir: Es gibt unter den Bettlern auch sehr listige, sehr verschlagene Gestalten. Man kann seine leeren Hände auf *viele* Weisen zeigen, und nicht alle sind gut. Eine Weise aber, die durch und durch gut ist und die die echten leeren Hände Gott entgegenstreckt – ihm, der niemals leere Hände hat – das ist es, was uns hier am Ende des Unser Vater begegnet: Das Lob Gottes, wo wir gar nicht noch einmal etwas von ihm verlangen, gar nicht noch einmal davon reden, was uns noch alles fehlt, was wir noch alles brauchen. Sondern sagen: So bist du, das steht fest! Um das müssen wir uns nicht sorgen! Du bist „der ewig reiche Gott", der niemals arm wird. Das bleibt, auch wenn vieles andere vergehen mag: *Dein ist das Reich und die Kraft und die Herrlichkeit in Ewigkeit.*

Vielleicht müssen wir das ja erst wieder lernen, dass Beten nicht nur Bitten heißt. Dass sich zu Gott hinwenden nicht nur heißt: etwas von ihm zu begehren, sondern auch umgekehrt: ihm etwas zu geben. Zu Gott sagen: So bist du, das kannst du, so glaube ich es, darauf vertraue ich – das wäre: Gott geben. Es tut niemand eine Heldentat, wer das tut. Es wird auch niemand groß herauskommen, wer das tut. Was wir zu geben haben, ist ja am Ende nicht viel, und es soll sich lieber nicmand etwas darauf einbilden. Paul Gerhardt hat das in einem Loblied („Du, meine Seele, singe") meisterhaft kurz und präzise zusammengefasst:

> *Ach, ich bin viel zu wenig,*
> *zu rühmen deinen Ruhm.*
> *Der Herr allein ist König,*
> *ich eine welke Blum.*
> *Jedoch weil ich gehöre*
> *gen Zion in sein Zelt,*
> *ist's billig, dass ich mehre*
> *sein Lob vor aller Welt.*

Es ist „billig", es ist nur recht und billig, wenn ich Gott gebe, was ihm zukommt, auch wenn ich kleiner Mensch gar nicht viel geben kann.

Am Ende des Unser Vaters ist es also *dreierlei*, was wir zum Lob Gottes sagen.

„Das Reich" und die Reiche

Dein ist das Reich. In der zweiten Bitte war schon davon die
Rede: *Dein Reich komme.* Wir erinnern uns an das dort Ge-
sagte. „Reich" ist hier kein Raum, kein abgesteckter Be-
„Reich" auf der Landkarte, sondern es meint die *Herrschaft,*
die dort ausgeübt wird: Wer dort regiert, wer darauf sein
Auge hat, wer dort nach dem Rechten schaut. *Dein ist das
Reich,* das meint: Dein ist die Herrschaft. Du bist der Aller-
höchste. Keiner reicht an dich heran. Keiner wird dir deine
Herrschaft streitig machen. Das sagen wir zu Gott am Ende
des Vater Unser. Wir sagen es zu ihm, zu seinem *Lob* – aber
gleichzeitig rufen wir es auch uns *selbst* in Erinnerung: *Er*
regiert. *Er,* und nicht die Menschen, nicht der Zufall, auch
nicht das Schicksal. *Er* regiert, und nicht das Geld und nicht
die Waffen und nicht die allzeit Stärkeren, und es regiert
auch nicht – wie man es ja nun wirklich oft meinen möchte
– die Dummheit der Menschen. Die gleiche Herrschaft, um
deren Kommen wir vorher gebetet haben, ist jetzt schon da.

Wer das mit Verstand sagt: „Dein ist das Reich, du re-
gierst!" – der ist eigentlich ein freier Mensch. Der muss sich
nicht so sehr fürchten vor dem und vor denen, die auch noch
allmächtig erscheinen möchten. Adolf Hitler soll eine Rede
vom 30. Juni 1937 geschlossen haben mit einem Hochruf
auf „das deutsche Reich der Größe und der Ehre und der
Kraft und der Herrlichkeit und der Gerechtigkeit. Amen"
(Ja, „Amen" sagte er am Schluss.). Das ist nun so dick aufgetragen, dass man meinen sollte, da merke doch nun jeder,
wie unheimlich-ungeheuerlich das ist. Es hat aber offenbar
damals *nicht* jeder gemerkt. Es muss aber auch gar nicht *so
dick* aufgetragen sein. „Wer regiert?" – die Sache kann viel
schleichender kommen, gut versteckt, ganz verdeckt, ohne
großes Aufheben. Und darum wird uns eine Aufmerksamkeit, eine Wachheit abverlangt, die das Verborgene durchschaut. Es kann eine große, schwere Krankheit sein, die sich
stellt, als wäre sie „das Reich", der Regent. Es kann der
übermächtige Vater sein, der ganze Kindheiten mit Haut und
Haaren seinem „Reich", seiner Herrschaft unterordnen will.
Es kann der Streit um eine Erbschaft sein, der so mächtig,

so verheerend, so verfahren wird, dass er eine ganze Familie in sein „Reich" zieht und unter seine Knute bringt. Wer regiert? Wer bei der Frage schläft, wer sie auf die leichte Schulter nimmt, mit dem haben alle möglichen Herrschaften immer ein leichtes Spiel.

„Die Kraft" und unsere Schwachheit

Dein ist die Kraft. Vielleicht sind wir da nun bei einem der Lieblingsthemen unserer Zeit. Denn um Kraft dreht sich viel – und Kraft wollen alle. Diesel und Benzin tragen den Namen „Kraftstoff". Im Stall fressen die Tiere ihr „Kraftfutter". Nicht wenige steuern abends den „Kraftraum" an. Und noch nicht so lange ist im esoterischen Fahrwasser von „Kraftorten" die Rede, die eine besondere Ausstrahlung auf den Menschen haben sollen. Die Sehnsucht nach Kraft ist also, wie es scheint, überall groß. Und jeder möchte gerne auf ihrer Seite, auf der Seite der Kraft und der Kräftigen stehen. Umgekehrt muss einem auffallen, dass es eine immer größere Unfähigkeit gibt, mit Schwäche und Schwachsein zu leben, und die Folge davon ist oft eine irrationale, eine panische Angst. In Großbritannien hat man, so war in der Zeitung zu lesen, im Sommer 2002 eine Umfrage gemacht. Die Frage war, was man für die größte Katastrophe, die schlimmste Tragödie der letzten 100 Jahre halte. Über zwei Drittel haben geantwortet – ja: nicht der 1. Weltkrieg mit seinen Giftgasen, nicht der 2. Weltkrieg mit seinen Atombomben, nicht die Ermordung von sechs Millionen Juden, auch nicht die blanke Tatsache, dass an jedem Tag Tausende an Hunger sterben, sondern – „der 11. September". Was für eine panische Angst, nun *selbst* womöglich auf der Seite der Schwächeren zu stehen! Was für ein Verlust der geschichtlichen Relationen!

Etwas ähnliches geschieht in Hinsicht auf unsere Sterblichkeit. Für immer mehr Menschen in unserer Gesellschaft scheint es ein völlig überraschender Sachverhalt zu sein, dass der Mensch sterben muss. Und wenn sie damit konfrontiert sind, scheint es, als hätten sie noch nie mit dieser Möglichkeit gerechnet und noch nie einen Gedanken darauf verwendet. „Kraft" – was für ein Lieblingsthema! Aber auch: Was für ein Stoff für große Illusionen und große Verdrängungen! Müssen denn haarsträubende Hochwasser, die ganze Dörfer wegreißen, geschehen, muss es denn erst den viel zitierten „großen Knall" geben, dass wir einsehen, wie unsere Kraft am Ende klein und vor allem begrenzt ist? Was muss geschehen, dass wir von unserer menschlichen Kraft wieder nüchtern und realistisch denken? Was muss geschehen, dass unser *Übermut* gebremst und in die Bahn eines gesunden *Mutes* gelenkt wird?

Eigentlich muss gar nicht das Große geschehen; es kann im Kleinen alles beginnen. Und der Beginn im Kleinen liegt bei diesen Worten im Unser Vater: *Dein ist die Kraft.* Mit diesen Worten gestehen wir unsere Menschlichkeit ein, unsere Schwäche und unsere Grenzen. Mit diesen Worten legen wir unsere Illusionen ab und verneigen uns vor unserem himmlischen Vater, der den Schwachen nicht verachtet und der mitten in der Schwachheit eine Kraft wachsen lassen kann, die Bestand hat, die etwas ausrichten kann und die aufrecht in der Welt steht: die Kraft des Glaubens an ihn und nicht an sich selbst.

„Die Herrlichkeit" unter der Dornenkrone

Dein ist die Herrlichkeit in Ewigkeit. Warten wir nicht darauf, dass wir von dieser Herrlichkeit Gottes reichlich etwas zu spüren, reichlich etwas zu fassen, reichlich etwas zu erleben bekommen. Wie viele Versuche gibt es, von dieser Herrlichkeit gewissermaßen etwas einzufangen und sich selbst als Mensch damit zu schmücken! Der Kirchenbau, die Kirchenausstattung und kirchliche Prachtentfaltung gehören unter diese Überschrift. Herrliche Kirchen, herrliche Ausstaffierungen mit viel Gold und Silber, herrliche sog. „Würdenträger" in bemerkenswerten Gewändern. „Der wahre Schatz der Kirche", so formulierte es 1517 der junge Luther in seinen 95 Thesen gegen den Ablasshandel, „ist das allerheiligste Evangelium von der Herrlichkeit und Gnade Gottes." (These 62). Weiterhin könne es nicht wahr sein, dass der Papst seinen gerade im Bau befindlichen prächtigen St. Petersdom „aus der Haut, dem Fleisch und den Knochen seiner Schafe" erbauen lasse, indem er durch seine Ablassprediger sogar noch die Ärmsten animiere, ihr spärliches Hab und Gut für den Kauf von Ablassbriefen herzugeben (These 50). Was der Herrlichkeit Gottes entspricht und was ihr widerspricht, das wurde in dieser Zeit mit einer unglaublichen Schärfe formuliert. Eine Radikalität, die dann auf reformierter Seite ihre eigentümliche Gestalt im sog. „Bildersturm" annahm. In den Kirchen wurde „aufgeräumt", das heißt: sie wurden ausgeräumt – ein Akt, der den Denkmalpflegern und manch anderen heute noch in der Seele weh tut. Aber vergessen wir nicht, was ein Beweggrund (natürlich nicht der einzige) war: Dass die Kirche nicht dazu da ist, auf der Welt Glanz und Pracht und Herrlichkeit zu entfalten, sondern zum Dienst für Gott und zum Dienst am Menschen. In vielen Gemeinden wurden damals die teuren Kelche und andere kostbare Gegenstände verkauft und vom Erlös eine Unterstützungskasse eingerichtet für verarmte Einwohner oder ein Mahlzeitendienst für Obdachlose. Das war die neue Form von „Herrlichkeit" der Kirche. Es war die Herrlichkeit des Brotes, das anderen auf den Tisch gestellt wurde.

Herrlichkeit ist Gottes Sache, und nicht unsere. Und wenn das wahr ist, dass sich „Gottes Herrlichkeit in dem Angesicht Jesu Christi" widerspiegelt (2. Korinther 4,6), dann werden wir lieber nicht vergessen, was für ein Angesicht das war: mit einer Dornenkrone. Wenn das seine „Herrlichkeit" ist, wenn das eine ist, die durchs Leiden hindurchgeht und nicht drum herum, wie könnten wir uns dann schöne, prächtige, goldene Kronen aufsetzen, wie dürfte dann die Kirche Jesu Christi teuer geschmückt durch die Welt spazieren – wenn er eine Dornenkrone getragen hat! „Dein ist die Herrlichkeit" – dein, nicht unser. Und sie ist es „in Ewigkeit".

Wenn aber Gottes Herrlichkeit uns mit einer Dornenkrone erschienen ist, dann werden wir seine Herrlichkeit nicht suchen dürfen, wo alles glänzt und wo uns tolle Gottesgefühle angepriesen werden, sondern eben: unter den Dornen unserer Zeit. Wie sie dort hervorleuchten kann: Beim verzweifelten Menschen, der Trost findet durch Gottes Nähe; beim Streithahn, der sich bewegen lässt zu sagen: „Es tut mir leid"; beim Sterbebett, wo ein Mensch nach einem Leben mit vielen Sorgen und Plagen im Frieden Gottes sterben kann; beim Reichen, der plötzlich merkt, wie reich er ist, und beginnt zu überlegen, wie er mit seinem Reichtum vor Gott bestehen kann; beim Strafgefangenen, der sich in der Einsamkeit seiner Zelle zurechtlegt, was anders werden muss in seinem Leben. Gottes Herrlichkeit, unter Dornen widergespiegelt.

Mein und dein

Nein, keine Bitte am Schluss des Vater Unser, sondern ein dreifaches Lob Gottes: Dass er so ist, wie er ist, und wir getrost daran festhalten: So bist du. Das kannst du. So wird es bleiben. Alle Bitten, diese sieben und alle, die wir sonst aussprechen mögen, haben in diesen dreien ihren Grund: in deinem Reich, deiner Kraft, deiner Herrlichkeit – und alle drei werden in Ewigkeit bleiben. Darauf gründet sich alles, was mein ist: *Denn dein* ...

Amen

Als Studenten hatten wir in einem Seminar unsere allererste Predigt vorzubereiten und schwärmten dann aus, um sie an einem Sonntag irgendwo in einer Gemeinde zu halten. Jeder hatte eine Tonbandaufnahme zu machen und sie zur späteren Besprechung mitzubringen. Nachdem meine Aufnahme in der Seminargruppe abgespielt worden war, sagte der Professor zu mir: „Das Amen war etwas *mager!*" Er meinte damit, es sei reichlich schüchtern und zaghaft herausgekommen. Ich bin nun zwar heute noch nicht der Ansicht, dass man an der Lautstärke oder dem Grad von Kräftigkeit und Pathos ablesen könnte, wie ernst es einer mit seiner Predigt gemeint hat. Aber dies habe ich damals gelernt: Die Aufmerksamkeit für ein kleines Wort, das einem im christlichen Glauben auf Schritt und Tritt begegnet.

Mehr als ein „Schlusszeichen"

Fragt man Kinder, was das sonderbare Wort „Amen" bedeutet, kommt meist (als wäre es die größte Selbstverständlichkeit) eine Antwort wie diese: „aus, Schluss, fertig!" Natürlich, es kommt ja immer am Schluss – beim Gebet, bei der Predigt, beim Segen. Das Amen hat seinen Platz am Ende. Aber was soll es dort? Und was meint es da?

Es ist ein Fremdwort aus der hebräischen Sprache, der Sprache des Alten Testamentes also. Dort begegnet es 25 Mal, im Neuen Testament 74 Mal. Es hat seinen festen Ort in der jüdischen Gebetssprache. Aber schon zur Zeit von Jesus ist es eigentlich ein Fremdwort gewesen; denn er und seine Zeitgenossen haben aramäisch, einen Dialekt des Hebräischen, gesprochen. Das Evangelium weitergegeben haben die Apostel dann auf griechisch, der damaligen Weltsprache wie heute Englisch. Aber auch dort haben sie das Wörtchen Amen unübersetzt gelassen und es einfach als Fremdwort in griechischen Buchstaben geschrieben. Von dort ist es in alle Länder gegangen, unübersetzt, als ein Fremdwort. „Amen" sagt man in Russland, auf den Philippinen, in Kanada, Mexiko, Griechenland, Namibia, Hongkong.

Seine Übersetzung wäre auch nicht so leicht, denn es ist ein „schillerndes" Wort mit verschiedenen Bedeutungsnuancen. Sein ursprünglicher Sinn ist „fest, sicher, dauerhaft, beständig sein" oder auch „zuverlässig, treu, wahr sein". Am Schluss eines Gebetes heißt es so viel wie: „So sei es!" oder „So ist es!" oder „Das ist wahr!". Aus dieser Bedeutung ergibt sich von selbst, dass „Amen" kein eigenständiges Wort ist, sondern sich immer auf das bezieht, was zuvor gesagt worden ist. Das wird bekräftigt, bestätigt, unterstrichen.

Der Kirchenvater Augustinus († 430) war übrigens der Ansicht, dass die schwierige Übersetzbarkeit des Wortes gewissermaßen „himmlische Absicht" war. Denn damit fielen für alle Christen, gleich welcher Sprache sie auch seien, an diesem *einen* Wort alle Sprachschranken dahin – eine Vorform des himmlischen Gotteslobes sah er darin – zu dem sich einmal alle Völker versammeln würden.

Seine letzte Wurzel hat das Amen aber nicht in uns Menschen. Denn es beschreibt, was zuerst bei Gott „feststeht", „zuverlässig" und „wahr" ist. Wenn wir nämlich in seinem Namen beten, in seinem Namen das Evangelium aufschlagen, in seinem Namen den Segen sprechen, in seinem Namen taufen, in seinem Namen das Abendmahl halten, dann gründet sich all dies auf seine Zuverlässigkeit und Treue. Es ist darum gar nicht so erstaunlich, dass Gott in der Bibel als „der Gott des Amen" bezeichnet wird (Jesaja 65,16; von Luther übersetzt mit: „der wahrhaftige Gott", in der Zürcher Bibel: „der Gott der Treue"). Und im Neuen Testament wird Jesus Christus schlicht „der Amen" genannt (Offenbarung 3,14) – der also, der in all seinem Wirken und Reden

142

und Tun Gottes Willen mit uns Menschen „bestätigt" und „bekräftigt" hat. Vor diesem großen Amen werden wohl alle unsere Amen klein bleiben – vielleicht sogar mit gutem Grund „mager".

Die Zähigkeit des Glaubens

Mager – aber zäh! Es ist auffallend, dass die Reformatoren in ihren Auslegungen des Vater Unser erstens mit Bedacht immer auch dieses kleine Wort zu erklären versucht haben und zweitens in dieses kleine Wort die Zähigkeit des Glaubens, die Tapferkeit des Gebets und die Gewissheit der Erhörung hineingelegt gesehen haben. Wir lassen sie hier am Schluss noch einmal zu Worte kommen.

„Was heißt Amen? Dass ich soll gewiss sein, solche Bitten sind dem Vater im Himmel angenehm und werden erhört. Denn er selbst hat uns geboten, so zu beten, und verheißen, dass er uns erhören will. Amen, Amen, das heißt: Ja, ja, so soll es geschehen." (Martin Luther, Kleiner Katechismus)

„Das Amen musst du jedesmal stark machen; du darfst nicht daran zweifeln, dass Gott dir gewiss mit allen Gnaden zuhört und Ja zu deinem Gebet sagt. Denke ja daran: du kniest und stehst nicht allein da, sondern die ganze Christenheit oder alle rechten Christen mit dir zusammen und du unter ihnen in einmütigem, einträchtigem Gebet, das Gott nicht verachten kann. Und gehe nicht weg vom Gebet, ehe du gesagt oder gedacht hast: ‚Wohlan, dieses Gebet ist bei Gott erhört; das weiss ich gewiss und fürwahr.' Das heißt ‚Amen'." (Martin Luther, Eine einfältige Weise zu beten, für einen guten Freund [den Barbier Meister Peter])

„Wenn du am Ende in herzlichem Vertrauen und Glauben ‚Amen' sagst, so ist gewiss das Gebet bekräftigt und erhört; und wo dieses Ende fehlt, da ist weder Anfang noch Mitte des Gebetes etwas nütze. Deshalb soll ein Mensch, der beten will, sich prüfen und erforschen, ob er es auch glaube oder ob er zweifle, dass er erhört werde. Findet er bei sich, dass er daran zweifelt oder es nur auf ungewissen Wahn setzt und auf gut Glück wagt, so ist das Gebet nichts. Denn er hält sein Herz nicht still, sondern schwankt und schlottert hin und her. Darum kann Gott ihm nichts Gewisses hineingeben, gerade so wenig als du einem Menschen etwas geben kannst, wenn er die Hand nicht still hält." (Martin Luther, Deutsche Auslegung des Vaterunsers für die einfältigen Laien)

„Amen – damit kommt die Inbrunst des Wunsches zum Ausdruck, zu erlangen, was man von Gott erbeten hat. Auch wird so unsere Hoffnung gestärkt, dass wir all dies bereits erlangt *haben* und es uns ganz sicher *widerfahren* wird, weil es Gott verheißen hat, Gott, der nicht trügen kann!" (Johannes Calvin, Unterricht in der christlichen Religion).

„Amen heißt: Das ist wahr und gewiss! Denn mein Gebet ist von Gott viel gewisser erhört, als ich in meinem Herzen fühle, dass ich dies alles von ihm begehre." (Heidelberger Katechismus)

Darauf so sprech ich Amen
und zweifle nicht daran,
Gott wird es alls zusammen
in Gnaden sehen an,
und streck nun aus mein Hand,
greif an das Werk mit Freuden,
dazu mich Gott beschieden
in mein'm Beruf und Stand.

(Georg Niege)

144

Wieder am Tor des Gebets

An vielen Stadttoren waren einst die Längenmaße angebracht, die in der betreffenden Stadt Geltung hatten ... Mit diesen Worten haben wir unseren nachdenkenden Gang durch das Gebet Jesu begonnen. Wir erinnern uns, wie der Kirchenvater Chrysostomos vom „Meterstab des Gebets" sprach, das uns im Vater Unser gegeben sei. An diesem Maßstab hätten wir unsere Gebete zu messen. Von hier aus hätten wir unser Beten zu lernen. Am „Tor des Gebets" stehend, haben wir die schon so lang und so wohl vertrauten Worte bedacht, einerseits um ihre Konturen wieder ins Auge zu fassen, andererseits um sie als Schule für das Beten überhaupt zu betrachten. Wir sahen, dass die Konturen durch häufigen Gebrauch wie bei einer alten Münze abgegriffen sein können; wir sahen aber auch, dass in dieser Schule vieles gelernt werden kann, nicht zuletzt, weil es ja eine alte Schule ist, auf deren Bänken schon viele vor uns saßen.

Aber nun sollten wir dieses „Tor des Gebets", wo der „Meterstab" angebracht ist und wir abmessen können, wie sich unsere Gebete zu diesem verhalten – nun sollten wir dieses Tor nicht verlassen, ohne uns umzusehen, wer sich dort rechts und links von uns bewegt, es auch nicht verlassen, ohne uns zu fragen, wie wir denn selbst uns in diesem Tor bewegen. Eine Frage haben wir ja bisher gar nicht gestellt, oder sagen wir es umgekehrt: Einer Frage haben wir uns nicht gestellt, die in der Luft ist bei jedem Wort des Unser Vater, bei jedem Gebet. Eine Frage, die im „Tor des Gebets" wohl jeden bewegt, auch jeden „angeht" (im tiefsten Sinne des Wortes) und auf Antwort wartet. Es ist die Frage, die für manche so bedrängend ist, dass sie sich im „Tor des

Gebets" kaum zu bewegen wagen, oder die sie weit abseits stehen lässt. Die Frage, die „im Raum steht", im Raum dieses Tores, ist: *Ob Beten nützt?*

Ob Beten nützt?

Aber nun: Wen sollen wir das fragen? Die mit uns dort stehen? Uns selbst? Auf wessen Antwort sollen wir uns verlassen? Wer darf sie geben? Wer kann sie geben?

Kehren wir an den Anfang der Worte zurück, die Jesus zu seinen Jüngern spricht. Sein Gebet leitet er ein mit den Worten: „Ihr nun sollt so beten ..." Wir merken wohl: Die Frage, ob Beten nützt, kommt hier nicht vor. Sein Nutzen wird nicht erwogen, seine Notwendigkeit nicht diskutiert. Das mag dem, der hier eine Antwort sucht, schroff erscheinen. Zu beten erscheint hier als das Selbstverständliche und Unfragwürdige. Nur das „Wie" (Straßenecken, Redeschwall) und das „Was" („Unser Vater im Himmel ...") wird reflektiert, aber nicht das „Ob". Hier werden wir einfach mitgenommen, wie auf einen Wagen, der schon rollt, und ohne dass uns die Zeit bliebe, noch zu fragen, ob der Wagen wirklich fahren kann. „Das Vaterunser ist das Gebet für Menschen, die nicht beten können, weil sie entweder vor lauter Ängsten und Anliegen gar nicht wissen, womit (wir setzen hinzu: und ob) sie beim Beten anfangen sollen ..., oder weil sie so leer und ausgebrannt sind, dass auch ihr Mut zum Beten erlosch. Worte sind es, die uns zu ihm hintragen, die uns über unsere Not emporheben und ihn finden. Man muss vielleicht nicht einmal an Gott glauben, um in das Vaterunser einzustimmen. Wenn man den inneren Widerstand überwinden lässt und den Bitten dieses Gebets folgt, wird man das Vertrauen zu Gott gewinnen." (Michael Beintker) – auf einem rollenden Wagen.

Nicht hier, aber etwas später in der Bergpredigt spricht Jesus zu allen, die im „Tor des Gebets" stehen, sei es nun vorne oder abseits, zu dieser Frage, die „im Raum steht". Er spricht sie nicht aus, aber er nimmt auf sie Bezug. Es wird von entscheidender Bedeutung sein, nun nicht auf diese oder jene, sondern auf seine Antwort zu hören. Sie lautet (Matthäus 7,7–11):

> *Bittet, so wird euch gegeben werden; sucht, so werdet ihr finden, klopft an, so wird euch aufgetan werden! Denn jeder, der bittet, empfängt; und wer sucht, der findet; und wer anklopft, dem wird aufgetan werden. Oder welcher Mensch ist unter euch, der seinem Sohn, wenn er ihn um Brot bittet, einen Stein gäbe, oder auch, wenn er um einen Fisch bitte, ihm eine Schlange gäbe? Wenn nun ihr, die ihr (doch) böse seid, euren Kindern gute Gaben zu geben wisst, wie viel mehr wird euer Vater in den Himmeln denen Gutes geben, die ihn bitten!*

Die fehlende Buchhaltung über den Nutzen

Mit einem schlichten Ja oder Nein scheint die Frage nicht beantwortbar zu sein. Aber offenbar gehört sie in die Atmosphäre des Alltäglichen wie Hunger und Brot. Im Gedränge des Alltags fragt man ja schnell nach dem Nutzen: „Was nützt das?!" Und wie oft steckt darin noch der Unterton: „Was nützt *mir* das?! – *Ich* will doch davon etwas haben!" Damit ist die Vorstellung verbunden, dass „Nutzen" etwas ist, das man schnell einmal aufzählen kann – eins, zwei, drei, erstens, zweitens, drittens. Denn Zeit haben wir ja alle nicht, und darum muss auch alles möglichst schnell einleuchten. Und was nicht *schnell* einleuchtet, das leuchtet eben *nicht* ein. Bei einem Werbespot am Fernsehen hat man 20, vielleicht 30 Sekunden Zeit, den Nutzen eines Produktes darzustellen. Das weiß ja nun jeder, dass das ein Ding der Unmöglichkeit ist. Was tut man also? Man gestaltet den Spot möglichst originell, damit er hängen bleibt in den Köpfen, und man wiederholt ihn so oft, bis ihn alle in- und auswendig kennen – oder so oft, bis er allen zum Halse heraushängt. Ließe sich werbend so vom Beten reden?

Nützt es zu beten? Ja oder Nein? Natürlich nein, wollte jemand erwarten, es nütze wie eine Creme gegen Ausschlag oder ein Hustensirup oder ein neuer Staubsauger. Natürlich nein, wollte jemand meinen, das Gebet sei eine Maschine, wo man auf's Knöpfchen drücken und die dann alles ausspucken könnte, was das Herz begehrt. Natürlich nein, denn was dir nützt, darüber hat ja auch *Gott* seine Gedanken und nicht nur du. Was du nützlich findest, das kann bei Gott die größte Dummheit sein, und was du die größte Dummheit findest, das kann bei Gott genau das Gute, das Nötige, das Rechte sein. *Nützt es zu beten?* Ja sicher, denn keiner lebt aus seiner eigenen Kraft; in keines Menschen Hand liegt, was aus ihm wird, sondern in Gottes Hand. Ja sicher nützt es, denn dann weißt du, dass du in keinem einzigen Augenblick allein und verlassen bist. Auch wenn alle Menschen fern sind, auch wenn alle Menschenhilfe fern ist, auch wenn du dir selber nicht mehr helfen kannst: Gott bleibt doch da, und er wird einen Weg für dich finden. Vielleicht einen anderen Weg als du denkst, aber einen Weg. Niemand wird vergeblich beten.

Nützt es zu beten? Ja oder Nein? Jedes Jahr verschicken die Kirchenleitungen das übliche Statistikblatt zum Ausfüllen. Wie viele wurden getauft, konfirmiert, kirchlich getraut und kirchlich beigesetzt? Es gibt aber keine Rubrik: „Wie viele Male hat das Beten genützt?" Es wäre sicherlich praktisch, wenn man da eine große Zahl einsetzen könnte. Aber woher wollte man diese Zahl nehmen? – Auf der Kirchgemeindeversammlung wird jeweils ein Budget für das kommende Jahr vorgelegt, diskutiert und verabschiedet und später dann mit der Jahresrechnung verglichen. Was es aber nicht gibt, ist ein Gebetsbudget: Für das und das werden wir im kommenden Jahr beten, und dann machen wir eine Rechnung, wie vieles davon erhört wurde. Es wäre doch ganz aufschlussreich und sogar werbewirksam, nicht wahr, wenn eine Gemeinde über die Jahre hin eine stetig wachsende Zahl von Gebetserhörungen vorweisen könnte. Aber das gibt es nicht; wie sollte es das auch geben?! Die Zahl, wie oft angeklopft und wie oft aufgetan wurde, bleibt im Verborgenen. Damit bleibt aber auch das, was man heute gemeinhin mit „Nutzen" bezeichnet, im Verborgenen.

Nützt es zu beten? Das ist keine Frage, auf die man mit einem nackten Ja oder einem nackten Nein antworten könnte. Die Antwort, wenn man sie denn redlich versucht, wird immer mit tausend Wenn und Aber gespickt sein, mit tausend Einerseits-Andererseits. Eine ganze Lawine von Erwägungen, Bedenken, Vorsichtigkeiten tritt der Mensch los, der so fragt. So einfach ist das Beten nicht – und so einfach ist darum auch die Antwort nicht. Ein Werbespot mag mit 20, 30 Sekunden auskommen. Aber um eine Antwort auf *diese* Frage zu finden, reicht ein ganzes Menschenleben nicht aus. Haben alle, die so fragen, so viel Zeit? Wollen alle, die so fragen, so viel Zeit dafür einsetzen? Und werden sie am Ende nicht von den tausend Wenn und Aber wie von einer Lawine verschüttet?

Bitten, Suchen, Anklopfen

Bittet, so wird euch gegeben werden! Sucht, so werdet ihr finden! Klopft an, so wird euch aufgetan! Das ist nun ein völlig anderer Tonfall, ohne jedes Wenn und Aber. Hier ist das Beten unkompliziert, etwas ganz Selbstverständliches. Und auch etwas ganz Alltägliches, so alltäglich wie wenn man zum Nachbarn geht und an die Tür klopft, und der tut auf. So wie man seine Brieftasche wieder einmal verlegt hat und an den gewohnten Stellen sucht und sie da ja auch meistens findet; ganz und gar unauffindbare, endgültig verlorene Brieftaschen sind ja nun wirklich eher die Ausnahme. Und jeder Bettler, der am Straßenrand sitzt und die hohle Hand macht, weiß doch, dass er ganz und gar und völlig leer nur ganz selten ausgehen wird. So ist es auch mit dem Beten. Bitten, Suchen, Anklopfen im Alltäglichen wird nie vergeblich sein; eigentlich ist es das Normalste von der Welt. Man muss es nur wagen. Warum sollte also das Gebet nicht auch das Einfachste, Naheliegendste und Normalste von der Welt sein? Du kannst darauf zählen, dass Gottes Güte dich nicht abweisen, dich nicht verachten, dich nicht übersehen und überhören wird. Also, tu es: Bete!

Ist es nicht so, dass unsere tausend Wenn und Aber – so berechtigt sie sind, so klug sie sind, so bitter nötig sie sind – am Ende auch die große Lähmung sein können, die große Hinderung, die große Angst davor, etwas Falsches oder etwas Dummes zu tun? Ist es nicht so, dass man wunderbar sich aufhalten kann beim Nachdenken, Reflektieren, Diskutieren, Ablehnen und Befürworten, und am Ende völlig vergisst, es dann auch *zu tun?* Übers Beten reden ist ohne Zweifel gut; aber was ist, wenn es am Ende dabei bleibt? Wenn im Gestrüpp der vielen Fragen und Einwände das Beten selbst auf der Strecke bleibt? Es gibt einen Punkt, und wenn ich recht sehe, dann ist *er* es, den Jesus hier bezeichnet, wo das Reden *übers* Beten sein Ende haben muss und wo es ganz einfach darum geht, *es zu tun:* Bittet, sucht, klopft an!

Natürlich hören wir auch das andere bei Jesus: Warnungen, Präzisierungen, Abwägungen. „Kein unnützes Geschwätz!", kein Zuschaustellen an den Straßenecken; das Gebet soll im Kämmerlein, im Verborgenen geschehen. Und dann auch dieses Wort, das wie eine Medizin gegen eine allzu große Abenteuerlust beim Beten klingt: „Alles, was ihr im Gebet *gläubig* erbittet, werdet ihr empfangen." (Matthäus 21,22). Aber über alledem soll doch *das* nicht vergessen werden, das nicht verloren gehen: Es ist Gottes Ohr da, das hört. Es ist Gottes Hand da, die gibt. Es ist Gottes Nähe da, die dich nicht übersieht. Es ist Gottes Zusage da, dass er tun wird, was dem Betenden Not tut. Alle Wenn und Aber sollen das nicht aufheben, können das auch nicht aufheben. „Gott ist größer als unser Herz." (1. Johannes 3,20), er ist auch größer als alle unsere Gedanken und Zweifel. Und darauf will Jesus hier hinaus.

Der Sohn bekommt das Brot und keinen Stein

Das Einfache, unser Bitten und Gottes Hilfe, wird uns hier in zwei Mini-Szenen aus dem Alltag vor Augen gemalt. *Welcher Mensch ist unter euch, der seinem Sohn, wenn er ihn um Brot bittet, einen Stein gäbe, oder auch, wenn er um einen Fisch bittet, ihm eine Schlange gäbe?* Brot und Fisch: die beiden Grundnahrungsmittel am See Genezareth, dort also wo Jesus diese Worte spricht. Ganz alltäglich, völlig ungekünstelt und normal: Der Sohn bekommt sein täglich Brot, das er braucht zum Leben. Denken wir nun nicht sofort wieder kompliziert: Ja, wenn es nun aber ein unverschämter Sohn ist, der darauf besteht, dass sein Taschengeld um das Zehnfache erhöht wird oder der jetzt endlich seinen Porsche haben will. Natürlich gibt es solche unverschämten Söhne, natürlich gibt es auch unverschämte Gebete. Aber das interessiert jetzt nicht! – Ja, wenn es nun aber ein nimmersatter Sohn ist, der alle paar Minuten kommt und wieder was anderes haben will: erst Brot, dann Fisch, dann einen Big Mac, dann ein Stück Torte und dann Pommes frites. Natürlich, es gibt solche nimmersatten Söhne, natürlich gibt es auch nimmersatte Gebete. Aber das interessiert jetzt nicht! Jetzt geht es um das ganz Normale, das ganz Einfache: Dass der Sohn weiß, wen er um Brot fragen darf und fragen muss – und dass er niemals vergeblich fragen wird. Denn es ist einer da, der seinem Sohn dieses tägliche Brot *gerne* gibt. Und nicht Steine oder Schlangen.

Ja, man kann hier wohl noch weiter gehen. Die Regel ist doch, dass ein Kind seine Eltern gar nicht jedes Mal wieder um das Stück täglich Brot bitten muss. Der Tisch ist gedeckt, morgens, mittags, abends – *ohne* Bitte, *ohne* Fragen. Die Eltern tun es mit großer Selbstverständlichkeit. Auch der größte Flegel bekommt seine Suppe. Auch für das größte Schlitzohr steht morgens die Milch auf dem Tisch. Ist es nicht genauso mit unserem Beten? Gibt Gott uns nicht viel mehr als wir ihn gebeten haben? Ist nicht so vieles da, was niemals in unseren Gebeten vorgekommen ist? Und ist es nicht auch dann da, auf wunderbare Art da, wo wir es gar nicht verdient haben? *Wenn nun ihr, die ihr doch böse seid, euren Kindern gute Gaben zu geben wisst, wieviel mehr wird euer Vater in den Himmeln denen Gutes geben, die ihn bitten!*

Sich vom rollenden Wagen mitnehmen lassen

Nützt es zu beten? Dies wird wohl zur Antwort hinzu gehören: Wissen, was beten ist, sein Gutes erkennen kann nur, *wer betet*. Es kommt also darauf an, es zu *tun*. Es kommt also darauf an (wie wir es oben ausdrückten), sich mitnehmen zu lassen von dem Wagen, der schon rollt. Und erst dann zeigt sich seine Kraft. Nur als Zuschauer wird man kaum etwas verstehen. Bei einem Eishockeyspiel wird man bei entsprechendem Interesse etwas davon haben, Zuschauer zu sein: Spannung, Unterhaltung, meistens auch noch kalte Füße. Beim Gebet aber wird man nichts davon haben, anderen zuzuschauen. Da geht es darum, es selbst zu tun. Darin ist es ähnlich etwa dem Vertrauen; das kann auch nur lernen, wer selbst vertraut. Ob es „nützt", kann einem niemand anders sagen.

Was Jesus hier sagt, legt uns eine große Zuversicht ans Herz. Mitten in allen Zweifeln und Verzweiflungen die große Zuversicht, dass kein Gebet leer ausgehen, dass kein Suchen nach Gottes Hilfe in der Sackgasse enden wird, dass kein Anklopfen bei ihm ungehört verhallt. Eine Zuversicht, die sich nicht auf eigene Gefühle von Gottes Nähe, nicht auf eine verbürgte Anzahl von Erhörungen stützt, sondern am Ende nur gerade auf dieses eine: Dass Gott selbst es so erlaubt, so verheißen, so gesagt hat: „Bittet!" Darauf gebaut, steht das Gebet auf Felsen; auf sich selbst gebaut stünde es auf Sand. Eine Zuversicht also, die nur darum so groß sein kann, wenn sie ihre Kraft aus Gottes Wort und nicht aus menschlichem Kalkül schöpft.

Diese Zuversicht soll uns keiner ausreden, soll uns keiner stehlen, soll uns auch keiner und nichts kaputt machen können. Es werden wohl viele unserer Wünsche unerfüllt bleiben; es wird vieles nicht geschehen, was unser Wille, unser Wunsch gewesen wäre; es wird nicht jeder bittere Kelch an uns vorübergehen; und es wird uns nicht gelingen, so manche Last, die auf uns liegt, wegzubeten. Aber eins wird niemals geschehen: Dass auf dem Tisch unseres Lebens nur Steine und Schlangen liegen. Brot und Fisch – es wird da sein, was uns nährt. Gott wird damit nicht geizen.

Ob Beten nützt? Der Wagen rollt ja schon. „Ihr nun sollt so beten: Unser Vater im Himmel . . .“

Literaturnachweis

Barth, Karl: *Das Vaterunser nach den Katechismen der Reformation*, Zürich 1965.

–: *Die Unordnung der Welt und Gottes Heilsplan*, in: Ders. u. a., *Amsterdamer Fragen und Antworten* (Theologische Existenz heute, Neue Folge 15), München 1949.

Beintker, Michael: *Christus öffnet unseren Mund zum Beten (Predigt über Mt. 6,7–13)*, in: Ders./Günther Klein/Hinrich Stoevesandt/Michael Trowitzsch: *Geschenktes Leben. Die Rechtfertigungsbotschaft in Predigten*, Leipzig 2002.

Ben-Chorin, Schalom: *Bruder Jesus. Der Nazarener in jüdischer Sicht*, München [6]1983.

Boff, Leonardo: *Vater unser. Das Gebet umfassender Befreiung*, Düsseldorf [6]1991.

Bohren, Rudolf: *Das Unser Vater – heute. 10 Anreden*, Zürich/Stuttgart [2]1960.

Bonhoeffer, Dietrich: *Das Gebetbuch der Bibel*, in: *Werke*, Bd. 5, hg. von Gerhard Ludwig Müller und Albrecht Schönherr, München 1987.

Calvin, Johannes: *Unterricht in der christlichen Religion* (1559), übers. von Otto Weber, Neukirchen-Vluyn 1984.

Ebeling, Gerhard: *Vom Gebet. Predigten über das Unser-Vater*, Tübingen 1963.

Gollwitzer, Helmut: *Der Wille Gottes und die gesellschaftliche Wirklichkeit*, in: *Mensch, du bist gefragt. Reflexionen zur Gotteslehre* (Ausgewählte Werke, Bd. 3), hg. von Peter Winzeler, München 1988.

Heinzelmann, Siegfried: *Ich danke Gott und freue mich. Werk und Glauben des Matthias Claudius*, Konstanz 1986.

von Loyola, Ignatius: *Geistliche Übungen und erläuternde Texte*, übers. von Peter Knauer, Leipzig 1978.

Lapide, Pinchas: *Ist die Bibel richtig übersetzt?*, Bd. 1/2, Augsburg 1999.

Lochman, Jan Milic: *Unser Vater. Auslegung des Vaterunsers*, Gütersloh 1988.

Lüthi, Walter: *Das Unservater. Eine Auslegung*, Basel o. J.

Luther, Martin: *Großer Katechismus*, in: *Die Bekenntnisschriften der evangelisch-lutherischen Kirche*, Göttingen [7]1976.

–: *Kleiner Katechismus*, in: a. a. O.

–: *Deutsche Auslegung des Vaterunsers für die einfältigen Laien* (1519), in: Calwer Luther-Ausgabe, Bd. 3, Neuhausen-Stuttgart 1996.

–: *Eine einfältige Weise zu beten, für einen guten Freund* (1535), a. a. O.

Luz, Ulrich/Leonhard, Clemens/Seitz, Manfred, Artikel „Vaterunser", in: TRE 34, Berlin/New York 2002.

Pfendsack, Werner: *Unser Vater. Eine Auslegung des Gebets der Christenheit*, Basel 1961.

Philonenko, Marc: *Das Vaterunser. Vom Gebet Jesu zum Gebet der Jünger*, Tübingen 2002.

Das universale Gebet. Studien zum Unservater (Theologische Zeitschrift 48. Jg./1992, Heft 1), Basel 1992.

Das Vaterunser. Gemeinsames im Beten von Juden und Christen, hg. von Michael Brocke u. a., Freiburg/Basel/Wien [3]1990.

Vaterunser. Acht Predigten – Acht Standpunkte, hrsg. von Manfred Neun, Stuttgart 1973

Weil, Simone: *Betrachtungen über das Vaterunser* (1953), in: *Das Unglück und die Gottesliebe*, München 1953.

„Ich glaube an Gott, den Vater..."

In einer Zeit zunehmender Entchristlichung möchte dieses Buch über das Besondere und Eigentümliche des christlichen Glaubens unterrichten. Was heißt es, in den Herausforderungen der Gegenwart Christ zu sein?

Das christliche Glaubensbekenntnis wird als Apostolisches Bekenntnis in den christlichen Gottesdiensten zumeist noch heute regelmäßig gemeinsam gesprochen. So eint es die sonst getrennten Kirchen.

Diese Auslegung informiert in einem kürzeren ersten Teil über den Sinn überhaupt eines Glaubensbekenntnisses und über die Geschichte speziell dieses Bekenntnisses. Der große zweite Teil bespricht in genauer Auslegung des Textes das in sich reiche und lebendige Eine, woran die Christenheit glaubt.

Eberhard Busch

Credo

Das apostolische Glaubensbekenntnis

2003. 314 Seiten, Paperback
ISBN 3-525-01625-5

Vandenhoeck
& Ruprecht